白纸行黑字

沙页翻长河

遇見幸福的你

作者/高品致

中央廣播电视大学出版社

·北京·

图书在版编目（CIP）数据

遇见幸福的你 / 高品致著. ——北京：中央广播
电视大学出版社，2012.12
　ISBN 978-7-304-05863-0

　Ⅰ.①遇… Ⅱ.①高… Ⅲ.①家庭教育－研究 Ⅳ.
①G78

中国版本图书馆CIP数据核字(2012)第282787号

遇见幸福的你

高品致 著

出版·发行：**中央广播电视大学出版社**
电话：营销中心 010-58840200　　　　总编室 010-68182524
网址：http://www.crtvup.com.cn
地址：北京市海淀区西四环中路 45 号　　邮编：100039
经销：新华书店北京发行所

| 策划编辑：毕　冬 | 版式设计：刘海东 |
| 责任编辑：王　晶 | 责任印制：李　玲 |

印刷：北京汇林印务有限公司	印数：1~5000 册
版本：2012 年 12 月第 1 版	2012 年 12 月第 1 次印刷
开本：787×1092　1/32	印张：10
字数：210 千字	

书号：ISBN 978-7-304-05863-0
定价：35.00元

前　言

　　"望子成龙，望女成凤"，这句话凝聚了千千万万中国父母对孩子的殷切期望。在父母的心目中，孩子的未来高于一切。做家长的，不惜一切地为孩子的成长做铺垫，无一例外地希望自己的孩子能有个美好的未来。有的家长期望孩子成绩出众，将来能上大学，取得很大的成就；有的家长希望自己的孩子有生意头脑，将来可以创造巨大的财富；有的家长希望孩子可以有强健的体魄，甚至可以在自己擅长的领域拿世界冠军，取得荣耀；也有的家长希望自己的孩子能够快乐、平安地度过一生……孩子如果是一幢大楼，家长就是建筑和装修大楼的工程师；孩子如果是一株幼苗，家长就是辛勤的园丁。但是，再雄伟的大厦，如果没有体现大厦特色的装修；再好的幼苗，如果没有适合幼苗成长的培植环境，也是枉然。

　　孩子的成长，需要父母给予养分，但是很多时候，家长与孩子之间往往存在着代沟，尤其是当青春期的孩子撞上更年期的父母，两者之间的分歧就会更多，父母和孩子不能很好地沟通和交流，也不能相互理解。

　　形成代沟的原因有很多。生理上，青少年正处在发育的高峰期，体力和智力发展迅速，爱好运动、敢于尝试，但却缺乏耐心；而父母对人生、社会已经有比较全面而成熟的认识，人生观、价值观也基本定性，不会有太大的变化。

　　从心理上来讲，进入青春期的青少年依附性减弱，独立性增强，渴望独立；而父母的心理已经成熟，个性也趋于稳定，对子女的期望不断升值，总是希望用自己的思维去要求子女。

从社会角度来讲，父母与孩子两代人成长的社会环境不同，适应环境变化的能力也不同。正处于这个时代的青少年能很好地融入这个年代，迅速接受新事物；而上一代的父母不能很快适应这个时代的发展，两代人之间便会因此出现摩擦。

总之，处于青春期的孩子叛逆、易冲动，处于更年期的父母情绪易波动、精神易紧张。所以，一边是家长们在唏嘘感叹，现在的孩子太难管，不听话；一边是孩子们的郁闷叹息，父母为什么不理解我们，他们不也是从我们这个年龄过来的吗？很多情况下，父母的殷殷期望却变成了孩子肩上沉重的负担；父母的谆谆教诲却变成了孩子心目中无尽的唠叨；父母的一片苦心也变成了阻碍孩子前行的障碍；父母对孩子浓浓的爱意亦变成了孩子想要逃离的枷锁……

很多青少年都认为父母不了解他们，有事宁可与同学谈，而不愿向家长诉说，更有甚者会以不满、顶撞、反抗、违法等方式试图摆脱家长的监护，以自己的方式行事，坚持自己的价值观和是非标准。所以，加强父母与孩子的沟通不仅是家长的需要，也是对孩子的成长负责，每个家长都要找到各种途径，做各种努力来跨越代沟、填平代沟。

在孩子成长的过程中，你是否也有很多真心话要对孩子说却没有流露出来；在教育孩子的时候，你是否也经常与孩子的观点产生分歧；随着孩子年龄的增长，你是不是觉得教育孩子的问题越来越棘手了；在处理孩子的一些问题上，你有没有觉得代沟越来越大以至于你无法和孩子达成共识；当孩子犯错的时候，对你的批评和教育他是不是也表现出叛逆和抵抗……作为家长，你一定有很多想对孩子说的话却不知从何说起吧，你一定有很多无奈和苦衷想让孩子知道吧，你也需要孩子理解和支持你对他的教育吧！

这本《遇见幸福的你》一改传统的说教、命令的教育方式，以故事为主，在理解孩子的前提下，本着家长、孩子相互沟通的原则，把你想对孩子说却迟迟没有说出口的话通过和孩子对话的形式传递给你的孩子，把你的良苦用心和对孩子的期望以一种轻松愉快的方式让孩子知道，让孩子在别人的故事中感同身受，在一种轻松的氛围中体会父母的爱。而且这种对话的形式更有利于孩子接受，能使孩子冷静下来理解父母的感受和期望，并考虑父母的建议，使孩子消除与父母之间的隔阂，以更加严格的标准来要求自己，能使孩子少走弯路，健康快乐地成长！如果你也有教育孩子方面的困惑和难题，相信这本书会对你有所帮助。

目录

目录

目录

目录

第 一 章

孩子，爸妈能教给你知识，但不能代替你学习

孩子，相信你也听说过"知识改变命运"这句话，知识能使我们获得财富，知识能使我们变得高尚，知识能使我们的生活充满阳光，知识能给我们指明正确的道路和方向，知识能使我们获得强大的力量，从而冲破重重的困境，最终走向成功。不仅如此，知识还能使一个民族变得优秀和强大，使一个国家变得繁荣昌盛。

学习文化知识，不仅是社会发展的需要，更是每一个人成长的需要。古往今来，人们对文化知识尤其重视，"知识就是力量"这句名言，一直被人们传诵着，使我们清晰地认识到知识的重要。只有学习科学文化知识，才能跟上时代的步伐，使自己不被淘汰。

爸妈想对你说，你不仅是我们的希望，更是我们生命的延续，是我们的明天和未来。你应当努力地去学习，掌握学习方法，认真听讲，养成自主学习、自觉学习的好习惯，用知识武装自己，为自己的家庭以及社会乃至国家做出贡献。那么，你就会变得强大，你未来的前途就会一片光明，我们期待那一天的到来！

1. 不想学习，谁为你的明天埋单？

故事导入：

　　小勇今年15岁，明年就要中考了，可是今年突然向爸妈提出辍学的要求。他觉得自己不是学习的料，他告诉父母，看自己的成绩就能知道班里的人数，不仅考高中没有希望，就是侥幸考上高中，也是差等生，根本不会考上好的大学，就是上大学将来毕业也找不到好工作，所以还不如干脆放弃学业，做点生意，好好地干，说不定以后会当大老板呢！小勇的父母怎样苦口婆心地劝说都不管用，小勇认定了再继续上学是"浪费时间"，如果找到事做，还可以早一点"赚钱"。

　　家长拗不过小勇，只好由他去，认为他在社会上摸爬滚打一阵子就会觉得学校好了，就会迷途知返，反正现在强制让他读书也不会起到什么好效果，大不了再让他复习一年。

可是小勇辍学两个多月了，还是找不到事做，他对自己的前途感到茫然，意志消沉并开始颓废，成天与一帮辍学少年在社会上到处游荡。他们上网、抽烟、喝酒、打架，甚至小小年纪就懂得了"泡妞"，再也不愿意回到学校……爸爸妈妈问小勇："你既不读书，又赚不到钱，将来如何对自己负责呢？你的未来怎么办呢？""混呗！"家长对他进行劝说甚至打、骂，可谓办法用尽，结果都是无济于事，他们感觉天都要塌下来了。

孩子心声：

我不爱学习，我有时觉得老师讲的那些知识就是我的克星，因为我无论如何也弄不懂。也许我天生就不是学习的料，而且我觉得那些书本上的知识根本没有什么实际用途。对我而言，学数学会算账就可以了，为什么还要学习那些函数？我又不出国，为什么还要一遍又一遍地背英语单词，还学习那些乱七八糟的语法？难道学习几篇别人的文章就能提高写作水平吗？韩寒虽然连高中都没上完，还不是一样成为一个成功的作家？

可以说，每一堂课我都是混过去的，对于老师讲课的内容从来都是左耳朵进，右耳朵出，什么痕迹也没有留下。所有的课对我来说都是一种煎熬；老师说出的每一句话在我心中都像喝白开水一样，索然无味；每次考试的时候我总是最早交卷，当然不是因为我提前做完，而是因为我压根就不想做；每次发下来一张满是红叉的试卷，我都看也不看，便将它揉成一团。

虽然爸爸妈妈给我讲的道理我都能懂，但是我就是不喜欢学习，那又能怎么办呢？一定要我强迫自己做不喜欢的事情吗？那样我会很痛苦的。人生短短几十年，我没有必要用二十多年的时间来在自己厌恶的学校中受尽思想的折磨和痛苦，况且这样也并不能保证我将来会有出息，所以，我应该早点去寻找一些自己喜欢做并且能给我带来快乐的事情。

家长回应：

孩子，我们知道每个孩子都是有长处的，爸爸妈妈并不会因为你学习成绩不好就随便地否定你的优点，就任意给你扣上一个"废物"的帽子。不管你学习是好是坏，在爸妈心中都是最棒的！可是，爸爸妈妈会批评你，并不是因为你学习不好，而是因为你根本就没有努力过，你根本就不想去学习。如果你在经过努力学习、认真听讲之后，仍然不能取得好成绩，那最起码你尝试了、努力了，不管结果怎样，你可以问心无愧。但是如果你只是一味地说自己不适合读书，却连书上写的内容都不看一眼，那就是态度的问题了，这是对自己不负责的表现，爸爸妈妈只是因为恨铁不成钢，才对你要求严格的。

每个人生活在这个世界上，都有一定的责任。农民要种地，给人们提供各种粮食和蔬菜；工人要工作，给人们提供各种生活必需品；教师要教书育人，为祖国培养接班人……如果每个人都不务正业，不做好自己应该完成的事情，这个世界就无法运转。所以，每个人都要尽心尽力去完成自己分内的事情，不管是为了自己，还是为了别人。

同样的道理，对于现在的你而言，也有一件很重要、需要你全身心投入去做的事情，那就是学习，因为你是学生，这就是你的任务。

孩子，如果你希望自己将来能成为一个优秀的人，能有所作为，那么你必须要自己去领会学习的必要性，而且从现在开始用心学习。不要指望你什么文化都没有就能打拼出什么事业，生活不是小说和电视剧，不是你所异想天开的那样。你还小，贪玩、不想学习都是可以理解的，爸爸妈妈并不会要求你立刻就对学习产生兴趣，只是希望你能领会到学习的重要性，请你相信"知识改变命运"是一句真理，读书不是成功的唯一出路，但这是一条通向成功的最有希望的一条路。不管怎么样，千万不要轻易放弃自己的学业，否则，吃亏的只能是你自己。不要用"韩寒"作为例子来说服我们，世界上只有一个韩寒，况且，扪心自问，韩寒具备的能力你具备吗？他只是放弃了学校，但是并没有放弃学习，可是你却不具备这种自我要求的能力。无论如何，学校仍然是主流的学习场所，很多东西是只有在学校才能学到的。

给孩子的建议：

每个孩子在自己的学生时代，都曾有过伟大的梦想，都想在将来功成名就，拥有属于自己的事业。学生时代是增长知识的好时期，也是通往未来成功之路的阶梯，只有拥有知识才能证明自己的能力，才能改变一个人的命运。要想拥有知识，只有一条途径，那就是学习，加倍地学习。如果你没有知识，任何的豪言壮语都只是一句空话。

少壮不努力，老大徒伤悲。趁着你还年少，赶快努力学习吧，这些都将成为你将来成功的资本。别让你的光阴白白地浪费，别让自己虚度年华。只有付出，才会得到收获；只有学习，才会得到自己想要的生活。

第一，你要端正自己的态度，不要把你今天所学习的知识看作是一些"没用的东西"。不管你现在的生活里有没有用到过这些知识，它们都是有价值的，而且你总有一天会用到。

"为什么我们非要学习这些没用的东西呢？"相信很多不爱学习的孩子都有过这样的质疑和抱怨，请先来看看下面这个钻石与鹅卵石的故事：

一天晚上，一群游牧民族的牧民在准备休息的时候，天空出现一道耀眼的红光，他们知道这是神要出现的征兆。因此，这些牧民们怀着殷切的渴望，恭候着神的到来。

终于，神出现了，并且给这些牧民下了旨意："你们沿途要多捡一些鹅卵石，放在你们随身携带的包里。明天晚上，你们会感到惊喜，当然，也会有人感到很后悔。"

神说完这句话，就消失了。那些牧民感到很失望，因为他们原本期盼神灵会满足自己几个愿望，会给自己带来无尽的财富，可是没想到竟然让自己做一些无聊和没有意义的事情。但是，无论如何，这毕竟是神的旨意，不可违抗。这些牧民虽然不理解，但还是按照神的吩咐捡了一些鹅卵石，放在各自的包里。

就这样，他们背着这些鹅卵石继续前进，当第二天夜幕来临时，忽然发现昨天捡到的每一颗鹅卵石，竟然都变成了金光闪闪的钻石。他们的确很惊喜，但同时也很后悔，因为他们没有捡更多的鹅卵石。

所以，不要再抱怨，也不要再怀疑了。第一，现在你们觉得没用的知识，就像鹅卵石，将来有可能变为无尽的财富，你捡的越多，财富也会滚滚而来，而如果你拒绝接受，也就等于把将来的成功和财富都拒之门外。

第二，你要打开自己对学习的兴趣之门，只有这样，才能真正投入地去学习。

俗话说，兴趣是最好的老师，爱因斯坦曾被人们誉为天才，可他却说：这个世界，没有天才，只有兴趣！如果你想让自己成为一个"爱学习""会学习"的人，那就要培养自己对学习的兴趣，只有这样才能把自己的行动转化为内心自动而发的意愿，才会使自己自觉地去学习，学起来才会有动力，也更容易出成绩，让自己将来有所成就。如果没有这种意愿，自己对学习失去兴趣，自然就不会心甘情愿地努力去做了。

要培养自己对学习的兴趣并没有那么难，关键是要抓住兴趣的本质——好玩！如果你把自己学习的知识想象成一种有趣的挑战，比如，生物课上想想自己平时在家做的那些昆虫标本，你难道不想弄明白它是怎么回事吗？苹果掉到牛顿的脑袋上，他就能发明一个万有引力定律，而掉到你的脑袋上，你只会把它吃掉，你难道不想弄明白其中的原理吗？家里的煤气是什么化学物质，为什么会有危险，这些对你的生活就没有一点帮助吗？就连电视里的综艺节目也会时不时冒出一两句英文，你不学不就落后了吗？只有让自己保持对知识的好奇和渴望，你才能有求知欲，才能激发起自己的兴趣，主动地去思考和学习，并想方设法找到答案。

第三，你要有一个属于自己的梦想，这是让自己获得成功的持久动力，如果你不想学习了，累了，想放弃了，这个梦想会让你坚持下去。

梦想是一个人成长的动力和发展的方向，更是一个人的精神支撑，很多科学家、发明家都是有梦想的人，正是他们对梦想的执着和坚持，才给世界带来了很多的福音。爱迪生用他的梦想给世界带来了光明；莱特兄弟用自己"飞翔"的梦想研制了飞机，把人类送上了蓝天；指南针的发明使人们认清了方向……可见，梦想对一个人成长的重要性，只有放飞梦想，才会让自己更加努力地去学习，勇敢地克服困难挫折，最终用知识改变自己的命运，实现自己的理想。如果没有梦想，你的学习主动性得不到提高，潜能无法发挥，就会失去方向，难以成就伟大的事业。

虽然你在成长过程中，会由于种种因素改变人生轨道，但是有一个目标总会比看不到希望要好得多。只有从小就确立人生的目标和理想，才能及时找出自己的优势与不足，才能看到梦想与现实之间的差距，从而有意识地学习相应的知识，培养自己相应的能力。

所以，你要根据自己的爱好、特长、条件，分析利弊，树立理想，制定目标，努力去实现自己的梦想。

第四，你要给自己设定目标，让自己找到学习的动力。

你对学习不感兴趣，很是心烦，没有动力，推一步走一步。究其原因，在于你没找到学习的理由，没有目标！

一个人不能没有梦想，但是只有梦想也是不够的，你还必须给自己的梦想设定目标。梦想是你希望拥有的东西或者想要发生的事情，而目标就是帮你实现梦想的阶梯，是具体帮助你去实现目标的计划。

哈佛大学一项对学生的跟踪调查结果说明了目标的威力。27%的人没有目标，60%的人目标模糊，10%的人目标虽清晰，但仅有短期目标，只有3%的人有清晰的长期目标。25年后，他们的生活状况及在社会各阶层的分布情况出现了十分有意思的结果：27%没有目标的人在社会最底层；60%目标模糊的人在社会中下层；10%仅有短期目标的人，在社会中上层；3%有清晰且长期目标的人，成为各界顶尖的成功人士。

可见，确定目标对学习成功至关重要，你要根据自己的实际水平给自己制定恰当的目标，比如，如果你成绩一直名列前茅，就要鼓励自己保持下去；如果你成绩不错但是有偏科现象，就要着重针对自己的弱科进行提高，不要只在自己的强项上下工夫；如果你成绩不好，但是有某一科很好，就要在保持这一科的基础上，把其他弱科各个击破；如果你成绩很差，就要每次给自己制定一个目标，这次只考了55分，那么下次争取及格，这次及格了，下次争取前进10个名次……

只有给自己一个目标，你才不至于迷失方向，就算有时候会前进得慢一点，但你却一直是在前进的。

第五，你要相信自己，经常进行自我激励，在一点一滴的进步中体会到成功的快乐。

学习是项艰苦的任务，需要成就感来提升学习动力，一个总认为自己不行的人是不会体会到成功的快乐的，那么他也就不会去努力了。

如果一个人能够经常自我激励、自我鞭策，他就不会有那么多的挫败感，也能避免不必要的心理障碍。

所以，你要让自己体验到成功的快乐，给自己"赢"的感觉。其实学习是一件非常有意思也非常快乐的事情，不会的东西你学会了，不懂的东西你明白了，这多有成就感啊。

如果你不爱完成作业，经常受到老师批评，那么为何不认真完成一次呢？不论对错，这都是一种进步，都会得到肯定，你会从老师的表扬中感到成就感；如果你各科成绩都不好，唯独对生物感兴趣，那就先从提高生物成绩开始，让自己在其中找到成功的快乐；如果你在考试中不会做那些难题，那就争取把前面那些容易的做对，你也会从中找到成就感。

学生有三种学习状态：如果学习让你痛苦，你肯定会逃避学习；如果学习令人乏味，你肯定会应付学习；如果学习让你快乐，有"赢"的感觉，你就会爱上学习。要让自己从苦学、厌学变为喜学、乐学，就要调整自己的状态，让自己从学习中感到快乐和有成就感。

2. 学习方法用对比挑灯夜读更有效

故事导入：

晓霞是家里的乖乖女，在她读小学的时候，只要肯去学习，一般都能取得很好的成绩，再加上家长的不断提醒，晓霞的成绩一直名列前茅。但当晓霞考入初中之后，情况就大不相同了，原本学习成绩优异的她却直线下滑。

"这到底是怎么一回事呢？"晓霞并没有因为升入中学而变得贪玩和堕落，她仍然是那个自觉和勤奋的好孩子，每天放学回家后做的第一件事就是写作业，写完作业她还会把白天老师讲的内容认真地复习一遍。可尽管如此，她的成绩仍然很不理想……

我们可以看看晓霞的学习过程：小学时她为了把生字记得更加牢固，会抄上十遍、二十遍，甚至抄满满的一页。当然，学习其他学科，如数学、英语等也是用类似的方法，并且取得了出色的效果。

但到了初中之后，晓霞还在运用小学时那种"勤奋"的学习方法，为了把老师所讲的内容记住，她往往是一遍遍地抄写、一遍遍地背诵。但无奈初中的科目繁多，那种机械重复式的"勤奋"学习方法会令她顾此失彼。因为除了时间不够用外，也并不是每一科目都适合用这种方法。所以她的学习成绩一直在下滑。

可见，在初中阶段，并不是学习了就一定能取得好成绩。为什么在小学时学习优秀的晓霞，到了初中时成绩会突然下滑呢？原因不是因为她没有努力，而是因为她的学习不讲究技巧，即用错了学习方法。而那些成绩优秀的孩子之所以能取得好成绩，都做到了以下两点：一是用对了学习方法；二是坚持了正确的学习习惯。

孩子心声：

我是一个学习成绩很差的学生，尽管我做了很大的努力，成绩仍然上不去，为此我感到压力很大。因为我知道爸妈对我寄予了很高的期望，希望我取得好成绩，希望我将来出人头地。所以，尽管我有时候不喜欢呆板的课程和枯燥的讲课方式，尽管我找不到学习的兴趣，尽管我在学习一门新课程的时候觉得无从下手，摸不着头脑，无法入门，尽管我潜意识里对学习有一种自然的反抗，我还是拼命地学习，争分夺秒去读书，争取能用自己的努力换来骄人的成绩。可我从来没有如愿以偿过，也许是因为我的脑子比别人笨，也许是因为我不适合读书吧，总之，我很苦恼。因为我既不能像那些不喜欢读书的同学一样，潇潇洒洒地弃学习于不顾，又不能像那些好学生一样，轻轻松松地得到家长、老师的表扬，我觉得自己就像一只趴在窗户上的苍蝇，别人都告诉我只要好好学习，前途就会是光明的，可我好好学习了，却仍然找不到出路。

家长回应：

首先，爸爸妈妈承认你是一个好孩子、好学生，因为你具有学习的愿望和兴趣，你是发自内心想好好学习的，所以不管你成绩怎样，只要你尝试了、努力了，爸爸妈妈就会以你为荣。

但是，同时，爸爸妈妈也希望你的努力不会白费，希望你能用最简短的时间学到最有用的知识。爸爸妈妈希望你成为一个优秀的学生，但不是以每天挑灯夜读为代价，而是希望你能快乐地学习和成长，在轻松的氛围中学到知识。这就要求你必须掌握适合自己的学习方法，并且一步一步地去实践。只有这样，你才能真正体会到学习的乐趣，否则，你迟早会被繁重的学习任务压垮的。

单纯地压榨时间并不是最好的学习方法，还要注重效率才行。其实你努力学习仍然得不到回报的根本问题在于你不知道怎样才能有效地利用有限的学习时间去学习无限的知识。

孩子，你要调整自己的心态，不要带着负担去学习，也不要带着压力去学习，你要自己去领会适合自己的学习方法，把学习当作一种乐趣，快乐地学习，这样你的学习效率就会高，劲头就会足，你的成绩就会越来越好！"头悬梁，锥刺股"，并不是好的学习状态，你必须保证自己心情愉悦，保证自己有吃饭和睡觉的时间，然后再去学习，这样才会事半功倍。只要掌握了正确的学习方法，哪怕你多挤出一些时间去玩，也绝对不会影响到学习成绩的。

给孩子的建议：

世界著名科学家爱因斯坦在谈及学习如何成功时有一个为人熟知的公式，即"$W=X+Y+Z$"。在这个公式里，W代表成功，是等式的结果；等式右边有三个变量，其中X代表勤奋，Z代表不浪费时间，Y则代表方法，方法对勤奋和时间的效果起着增加或抵消的作用。

可见，成功既不是靠天才，也不是靠盲目的努力，成功是靠正确的方法。只有科学的学习方法才能保证成功。我们周围的同学甚至是我们自己，虽然学习很努力，不断增加学习时间，希望自己能够提高考试成绩，却总是事与愿违，成绩始终上不去，这就是学习方法不对导致的。

科学家贝尔纳说过："良好的方法使我们更好地发挥运用天赋的才能，而拙劣的方法则可能阻碍才华的发挥。"可见，掌握科学的学习方法是何等的重要。

科学的学习方法即指在学习的过程中，把书本中的知识掌握并运用到实际中去的一种有效手段，可以更多、更快、更灵活地掌握知识。

不同的科目有着不同的学习方法，针对不同学科要采用不同的方法，不能"以不变应万变"地对待各科课程。

文科学习方法：

对于英语、政治、历史等文科科目的学习，我们都知道记忆的重要性。但是千万不要以为"要想把文科科目学好，就得靠死记硬背"。在很多时候，"死记硬背"并不能取得很好的学习效果。虽然学习文科的科目要以"记忆"为主，但这种"记忆"是要讲究技巧的。不管是哪种科目，仅仅靠死记硬背，永远都不会取得好成绩。

第一，你在记忆之前要先去理解知识。

文科科目的学习主要靠记忆，但这并不代表文科科目的学习完全靠记忆，你在记忆之前的理解往往决定着记忆的效果。

像政治、历史、地理这些科目，并不是纯记忆的东西，而是有很多需要理解的内容，有很多学习规律要去把握。

如果你不了解地球内部物质的动力规律，而去机械地记忆地震、火山喷发等自然现象，就会感觉地理这一科枯燥无味，而且记忆也不会长久。如果你不了解"合久必分，分久必合"的历史发展规律，而是根据教科书上提供的内容，简单地去记忆各个朝代，就会失去对历史的兴趣。如果你不明白内因是事物发展的根本，那么就无法正确解释各种社会现象。如果你不明白英语的各种语法，只是强制自己去记忆，也不能取得好成绩……

所以，记忆是学习文科知识的主要手段，但理解是记忆的基础。不管是哪一个科目，只要你掌握它们的学科规律，在记忆的同时多思考、肯"钻研"，就能促进学习。

第二，不要盲目地记忆，你在记忆之前要了解人的遗忘规律。

对于记忆力再好的人来说，遗忘也是不可避免的，人的遗忘规律是德国心理学家艾宾浩斯研究发现的，他对记忆的保持规律作了重要研究，并绘制出著名的"艾宾浩斯遗忘曲线"。

遗忘规律主要包括以下几点：

① 骨架支柱的内容不容易遗忘，细微直接的内容容易遗忘。所以，我们在学习时要学会列提纲、总结大意，从宏观上把握所学内容的框架、结构、条理及大体意义，这样更有助于记忆。

② 遗忘速度先快后慢，在学习完某一知识后，遗忘就开始发生，尤其在起始阶段遗忘的速度较快。所以，你要在把知识遗忘之前及时复习，这样只需花费很少的时间就能复习巩固一次。如果等所学的内容全忘了之后再去复习，就会花费更多的时间，学习的效率就会比较低。

③ 能理解的内容不容易遗忘，不理解的内容容易遗忘。这就要求我们在学习时应理解地记忆所要记忆的内容。

④ 对有兴趣、爱好和需要的内容不易遗忘。所以，我们在学习时要培养自己对所记忆的内容的兴趣，明白自己学习这些知识的好处。

⑤ 一次记忆同类的内容过多、过久时容易发生遗忘。所以，我们在学习时要注意文理学科交替学习、不同学科交替学习。因为不同学科的知识由大脑不同的部位主管，学科交替学习就可以使大脑的各个部位得到及时修整。

⑥ 中间材料容易遗忘，开头与结尾的内容容易记忆。所以，我们要对所要记忆的内容进行分段学习，以便增加多个开头与结尾，增强记忆效率。

⑦ 当用脑过度、脑机能下降时，记忆效率降低。所以，我们在学习时不要用脑过度，要劳逸结合，不要在

疲劳的状态下学习。每学习半个小时就可以适当地活动活动，以促进身心健康，增强学习效率。

第三，对于文科知识的学习，临时抱佛脚并不是科学的学习方法。

很多人以为，对于历史、政治这些学科，平时不用多么用心，反正都是背的，背那么早考试时就忘记了，还不如等到考试的前几天"临时抱佛脚"，突击学习，使劲背。也许这种方法可以简单地应付一下考试，但从长远来看，并不能取得很好的效果，并不能让你真正地掌握知识。而且有一些心理素质差的孩子，会在考场上由于紧张而把自己刚刚记住的内容忘得一干二净。

这种突击式的记忆只是临时记忆，虽然你当时记住了，就算可以把考试应付过去，但用不了多长时间，这种记忆就会消失。所以，这种"临时抱佛脚"式的学习方法并不是科学的学习方法。你要学会合理地安排时间，用提高"回头率"的学习方法来对待考试，这样并不会浪费太多的时间，而且不需要"开夜车""临时抱佛脚"，也能很轻易地取得好成绩。

第四，你要掌握记忆的技巧。不要以为记忆是一件很容易的事情，人人都会，只要自己下工夫背了、记了，就不会有多大差距。那为什么在同样的时间和学习条件下，你记忆的效果没有别人好呢？

其实，记忆效果的差距更多地取决于你是否掌握了记忆的技巧：

①联想记忆法。

我们都有过这样的体验，单纯的一句话很容易忘记，但如果附有简短的小故事、图片、视频，这句话就很容易记住，而且记得很牢固。所以，我们在记忆一个知识点时，要学会用联想记忆法，赋予这些知识以更多的意义。

比如，有一个孩子就把秦朝统一六国的顺序记为"喊赵薇去演戏！"（韩赵魏楚燕齐）。在这个联想的记忆下，相信这个孩子会把这个顺序记得很牢。

② 概括记忆法。

就是对所学知识进行提炼，抓住关键部分的记忆方法。

如果你觉得需要记忆的内容很杂乱，就要先抓住纲、线，把内容、要点系统完整而又概括性强地穿在一起，再去记忆就方便多了。

比如"王安石变法"的五项内容是：青苗法、募役法、农田水利法、方田均税法、保甲法。记忆时可顺序概括为一青、二募、三农、四方、五保。只要记住五个主要字，即可回想起全部内容。

③ 谐音记忆法。

谐音记忆，是通过读音的相近或相同把所记内容与已经掌握的内容联系起来记忆，是一种很常见，也很有意思的记忆方法。

比如，清军入关是1644年，可记作"一溜死尸"，因为清军入关尸横遍野；中日甲午战争爆发于1894年，可用谐音记作"一拔就死"；中日《马关条约》1895年签订，可记作"马关的花生———一扒就捂（霉变）"。

④ 歌诀记忆法。

就是把知识材料改编成歌诀的形式来记忆的方法。

有节奏有韵律的歌诀要比没有节奏没有韵律的材料好

记得多，因为歌诀节奏鲜明，顿挫有致，朗朗上口，语言精练，句式整齐，容易引起人们的兴趣和注意，更易于记忆。

如《历史朝代歌》就很利于记忆：夏代商代与西周，春秋战国乱悠悠；秦汉三国晋统一，南朝北朝是对头；隋唐五代又十国，宋元明清帝王休。

记忆力是很神奇的，死记硬背并不是科学的记忆方法，只要你稍微改变一下自己的记忆方法，就会取得良好的记忆效果。

理科学习方法：

很多孩子到了初二、初三，学习成绩急剧下降，出现这种状况只是因为新增了物理、化学两门课程。对于物理、化学、数学等理科科目来说，掌握正确的学习方法显得更为重要。

第一，你要相信自己，消除自己对化学、物理等理科科目的惧怕心理。

"物理、化学太难了！" "教物理、化学的两位老师太严厉了！" "我实在学不会理科，还是放弃吧！"这是很多孩子都会有的心理，甚至有的孩子在还没有开始学习物理、化学之前，就片面地认为这些科目很难，就已经对它们怀有很强烈的惧怕心理，提前就对这两个科目失去了信心。

不管做什么事情，如果在做之前，你就已经产生恐惧、失去信心，那么成功的可能性就会很小。

所以，你一定要相信自己，就算在刚开始接触的时候遇到困难，也不要轻易退缩。毕竟万事开头难，只要你摸索到正确的学习方法，就会入门，入门之后学习起来就会容易得多。

第二，你要培养自己对这些科目的兴趣。

无论学习哪一门学科，兴趣都是最好的敲门砖，只要你对这门学科产生了很大的兴趣，就会有很大的信心要把这门学科学好。

物理、化学是很有意思的两门学科，如果你用心观察，就会发现，生活中很多的现象都可以用物理、化学知识来解释。

比如坐在快速行驶的车上，在转弯的时候，会感觉向外甩，这是离心现象；指甲刀、剪刀、镊子的工作原理，是杠杆；有时自来水管在邻近的水龙头放水时，偶尔发出阵阵的响声，这是由于水从水龙头冲出时引起水管共振的缘故；电炉"燃烧"是电能转化为内能，不需要氧气，氧气只能使电炉丝氧化而缩短其使用寿命；土豆泡水在白纸上写字，用碘水涂抹，显现出蓝色字迹，可用作秘密信纸，在火上烘烤后字迹消失可反复使用……

如果你能把生活中的现象和物理、化学联系起来，就会发现这些科目并不是枯燥的和抽象的，而且你还会下意识地从物理、化学的角度去思考生活中的各种问题。

第三，实验是物理、化学、生物等学科的基础和最重要的研究方法，可以帮助我们理解和巩固有关知识，是学习这些科目的重要步骤，而且趣味性很强，你要认真做好实验。

首先，对于那些典型的著名实验，一定要努力学习，并掌握其方法、原理和装置，以得到启发，并吸取其精华，借鉴到自己的学习之中；其次，要正确观察老师的演示实验，在老师实验的过程中，要充分地思考，看清每个步骤的目的、过程、现象变化过程等；最后，要认真动手做好实验，这是极为宝贵的动手机会，要想真正掌握知识和技能，必须通过自己的实践。你在做实验之前，要明确实验目的、原理、步骤，尽可能减少差错，在实验过程中，要操作规范，仔细观察实验现象及变化过程细节，透过现象看本质。

第四，对于数学、物理、化学等科目，一定要养成多做题、勤做题的好习惯。

做练习是学习的重要环节，对透彻理解和巩固所学知识，培养应用知识解决实际问题的能力，都起着很大的作用。但是，多做题并不是说实行"题海"战术，只追求数量，这并不是科学的做题方法。

首先，你要理解掌握基础知识，熟悉知识点，这是正确完成练习的前提条件。基本概念、规律是解题的依据，如果掌握得好，再难的题目也能迎刃而解。不会解题或解题错误，常常是因为基本概念和规律没有理解好的缘故。

其次，你要理清解题思路。这是提高解题能力最重要的方法之一。很多孩子在看到题目时觉得面熟，知道自己以前做过原题或类似的题目，但就是没有思路，等看到答案才恍然大悟："原来是这样的啊。"可是，下次再遇到还是不会做。这就是源于没有理清思路，只是跟着老师的思路把题目抄下来，没有自己动脑子，导致自己觉得会做了，但其实只是在当时把题目背过了，一段时间以后就只记得题目不记得解法了。所以，你要把一个类型的题目理解透彻，争取能达到举一反三的效果。

再次，在做题时要认真，杜绝马虎现象。很多孩子做题时总是粗心大意，不是抄错题就是算错数，经常把会做的题目算错，并且不以为然，认为这道题目我会做就可以了，算错了没关系，到考试时能算对就可以了。这是一种错误的方法和态度。

导致粗心的原因除了心态问题之外，根本上还是由于自己对知识掌握得不牢固，模棱两可。那些看似是马虎造成的错误恰恰是你知识掌握的薄弱点，所以，在做练习时，一定要加以重视，注意培养认真严谨的学风，做到一丝不苟。

最后，你要端正自己的态度，在学习的过程中养成良好的学习习惯。考试、测验之后，要认真研究老师批改试卷中指出的问题，检查发现自己在理解和运用知识方面的漏洞和错误，及时补上和改正。此外，还要准备一个错题本，把自己做错的题目记下来，每周都将错题本上的该周做错的题目再做一遍，找出相应的薄弱知识点加以强化，这样才有可能避免犯同样的错误。

当然，提倡文理科不同的学习方法并不是说要过早考虑分科，更不是说要让自己偏科，而是要掌握好各科之间的不同之处，争取把自己的弱科提高上去，做到"两条腿走路"，保持各科的平衡。

此外，学习方法要因人而异，即应适合个人的个性特点。因为每个人的思考方式和智力水平都不相同，只有适合自己的方法、有利于提高学习效率的方法才是科学的，才能收到事半功倍的效果。所以，对待别人的学习方法不要生搬硬套，在吸收时一定要考虑自己的特点，结合自己的实际情况，创造性地运用和发挥，在实践过程中找出适合自己特点的学习方法，循序渐进，量力而行，切忌好高骛远，急于求成。

学习是一种能力，亦是一种责任。科学的学习方法是开启智慧大门的钥匙，是攀登科学高峰的阶梯，是培养一个人创新能力的方法。一个人能否取得成功，很大程度上取决于自己是否会学习，以及学习能力的强弱。

3. 成绩不能代表一切，能超越自己就是进步

故事导入：

小坤出生在一个普通的农民家庭，是家里的独生子。从他上小学开始，爸爸就对他寄予了厚望，经常给他灌输"成绩至上"的理念，告诉他："你是农村的孩子，不像城市里的孩子命好。你必须好好学习，考上重点初中、重点高中，将来考上名牌大学，只有这样，才能鲤鱼跳龙门，出人头地，改变自己的命运。否则，你就永远只能是一个农民，过着面朝黄土背朝天的生活。"

小坤在爸爸的"谆谆教导"下，拼命地去学习，丝毫不敢懈怠。小学时成绩还算稳定，一直名列前茅，获得了很多奖状。但是，小坤并不喜欢爸爸这种咄咄逼人的态度，无奈在这种高压政策下，敢怒不敢言。

等到小坤上了初中，学校采取的是近乎全封闭式的管

理，除半个月回家拿一次东西外，平时大多数时间都是在学校里度过。小坤感到自己解放了，学习也不再那么用心了，等到年终成绩单发到家长手中，爸爸火冒三丈："看看你的成绩，倒退了这么多，怎么这么没出息！当差生也不觉得丢人，再考不上前十名就别回家了！"

面对爸爸的"狂轰滥炸"，小坤终于忍受不住，在自己的房间服用安眠药，最后抢救无效死亡。

也许小坤只是想躲避爸爸的责骂，也许是他厌倦了这种把自己当成"成绩的机器"的日子，总之，他走了。爸爸拿出了一沓儿子小时候荣获的奖状和证书，后悔不已："再好的成绩和荣誉也不能代替一个健康的儿子啊！"

孩子心声：

我是一个差生。

这是别人对我的评价，我自己也不得不承认我是一个差生。的确，"好学生"这个称呼怎么也不会落到我这个成绩倒数、调皮捣蛋、叛逆的少年身上。

在很多人的眼中我并不是一个好孩子。可有谁知道差生也渴望阳光？

只因为我是差生，老师就因此把我丢在一旁，不管不问，甚至讥讽嘲笑我的成绩；只因为我是差生，爸爸妈妈就不耐烦，对我不是埋怨就是臭骂，有时甚至拳脚相加，并说这是"恨铁不成钢"；只因为我是差生，在左邻右舍亲戚朋友的眼中，我就是一无是处，毫无优点，被他们发出"这孩子不争气"的议论……

我喜欢街舞，喜欢摇滚乐。可是，在爸爸妈妈的眼中，这都是浪费青春、挥霍生命的表现。我不赞成他们的观点，因为在我心中，这些是可以让我感到快乐的东西。但是，爸爸妈妈不理解我，当他们将我的CD光盘没收，骂我不争气、堕落时，我已经不知道怎么做才好了。我厌恶别人对我的不理解，讨厌别人嫌弃的眼神，我也羡慕那些学习努力、成绩优异、拥有许多光环的优等生，可我是个差生，我就是不喜欢学习，那又怎么办呢？一定要我做自己不喜欢的事情吗？

　　面对家长的不理解、老师的批评、同学的冷眼，我变得越来越麻痹，越来越堕落。我染发、烫发、逃学，做一切违反校纪的事，直到变成老师、同学及父母眼中不折不扣的差生。可是，又有谁了解我内心真实的想法？我常常想：我学习不好就代表一切都不好了吗？我不是积极参加班级的各种活动吗？我不是帮家长干了很多活吗？有些优等生在这些方面也没有我做得好，可就是因为学习成绩好，就能得到所有人的喜爱，这也太不公平了吧！其实，差生也有光芒，差生也有很多无奈，差生也需要温暖的阳光，所以，请给我们这些差生多一些理解和包容，或许这样也有助于我们提高学习成绩。

家长回应：

　　孩子，首先，爸爸妈妈希望你能正确看待学习成绩的起起落落，不要因为成绩不好或者突然下降就心灰意冷，觉得整个世界都失去了光彩，觉得所有人都在嘲笑自己。

　　不要以为你成绩不好爸爸妈妈就不爱你了，不关心你了，这只是你一厢情愿的想法。事实上，不管你成绩怎么样，在父母心中你都是最好的。当然，让你产生这种错觉我们也有责任，也许有时候我们由于对你期望很大，所以对你的成绩表现得过于偏激。有时候，你成绩不好，爸爸妈妈就会首先失落起来，有时还会批评你一通；当你成绩不错时，我们又抑制不住内心的喜悦，恨不得给你摆庆功宴……我们的这些行为也许给了你错误的引导，使你不能正确对待成绩的起伏。所以，在这一点上，我们一定会给你做出榜样，正确看待你的成绩起伏，让你摆脱因成绩起伏而造成的大喜大悲。

其实，爸妈并不期望你每次都名列前茅，只希望你每次都能超越自己一点儿，这就是进步。学习成绩并不能代表一切，但至少是对你掌握知识的一种反映，当我们不能做到最好时，就要努力做得比自己上一次"更好"一点儿。孩子，请不要气馁，你要相信，一分耕耘一分收获，只要你相信自己的能力，端正自己的态度，消除自己的自卑，摆脱那些不现实的攀比，再踏实一些、认真一些，成功总有一天会垂青于你。

给孩子的建议：

也许你学习成绩不是最优秀的；也许你的成绩波动很大，经常起起落落；也许你觉得自己成绩不好在同学之中很没有面子；也许你觉得身边所有的人都在嘲笑你的成绩不好……可实际上，这种心理很大程度上是你的自尊心在作怪，一个班级、年级有第一名就会有最后一名，有优秀的同学就有差生，不用太过介怀。有上进心是好事，但也要把这种上进心转化为自己前进的动力，而不是盲目给自己施加压力，这样只会适得其反。所以，你要调整自己的心态，只要每次能超越自己一点儿就是进步。

第一，你要在成功和失败中，正确认识自己。

很多的孩子自我意识很差，经受不住学习中的起伏，当自己偶尔取得好成绩或者一两次遭到失败时，都会因为这种偶然的变数改变对自己的看法和认识。比如，当自己好不容易考了一次第一名，就飘飘然，觉得自己是天才，无所不会，而别人都比自己差；当自己成绩一直很稳定偶尔失误时，就会懊恼不已，觉得自己一文不值，甚至就此消沉下去，一蹶不振……

小同是一个很用功学习但是成绩一直处于中游的孩子，有时候甚至还会处在下游。所以，他对自己的成绩很在乎，每到考试前期精神就会高度紧张，考试前一天晚上还会失眠。

爸爸看到小同的精神状态不佳，想帮助他减轻这种不必要的压力，便给他讲了"范进中举"的故事。当小同听到范进中举狂喜而癫时，笑道："古代考试制度真是害死人，考试一辈子，好不容易中了举人，他反而疯了。真是太悲哀了。"

爸爸听后，对他说："你的认识很深刻嘛！但是不只是在古代，在现代社会中，也有很多这样的学生，过分看重成绩和名次，因为一点点成功和失败就大喜大悲。"

小同若有所思。爸爸继续问道："每次考试之前你都在想什么？"

"我想自己到底能考第几名，想自己能不能取得好成绩。有时甚至会联想到自己成绩差被老师批评、被同学嘲笑的场面。"

"如果你考了全班第一名，你会想什么？"

"我会把这个消息告诉所有人，让他们对我刮目相看。"

"如果你成绩还是上不去呢？"

"我会感到无地自容，不想和人交往。"

"孩子，那你这样和范进有什么不同呢？你显然已经成为现代版的'范进'了。你要了解生活的规律，地球是转动的，每个人都不可能永远处在成功的位置上，也不可能永远失败，每个人的人生都是在起伏升降中向前发展的，对待成功或失败，一定要坦然，因为过去的荣耀或者失败只能代表过去，与其为了过去而欢呼或哭泣，不如抓紧现在。"

小同听了爸爸的话，受益匪浅。从此，他努力学习，坦然面对学习中的成功和挫折。在这样的心理作用下，他的成绩反而更稳定了。

第二，你要对自己有信心，提高自己的自我效能感。

自我效能感是指人们对自己是否能够成功地做成某事的主观判断。只有具有强烈的自我效能感，才能充满自信地去做一切事情，才能客观正确地评价自己、要求自己，才能使自己的行为沿着正确的方向发展，也才有可能取得成功。

自信，是一个人对自己所做各种准备的感性评估，是一个人对自身力量的一种确信，深信自己一定能做成某件事，实现所追求的目标，相信自己行，是一种信念，可以促进一个人的成功。自信心是你不怕困难、积极尝试、奋力进取，取得更多的知识、经验和取得更好成绩的基础。一个人的自信心对他一生的学习与工作都将产生积极深远的影响，有了自信心，相信自己能行，才能勇于去尝试，去探索，才有可能有所成就。

所以，不管是学习也好，生活也好，你都要树立起强烈的自信心，每个人的智力是有差别的，但是人定胜天，天才是百分之一的灵感加上百分之九十九的汗水，只要你不断努力，一定会获得自己应有的回报。

第三，你要保持积极乐观的心态，及时消除不良的自我情绪体验。

如果我们总是用消极的心态对待学习，那不但不会最大限度发挥自己的潜力，而且还会使自己在压力和失败下产生无能、绝望的情绪。所以，我们遇事要多向积极的方面考虑，用乐观的心态看待一切事情，要有主动性和上进心，主动发现自己在学习中的问题，以积极的态度来面对困难，主动解决问题，而不是找借口来逃避问题，推卸责任。

一个好的学习态度在一定程度上会决定你的成绩，因为乐观的心态会让一个人在最小的压力下最好地发挥潜能，使自己无往不胜。而那些平时学习成绩很稳定但一到考试就屡次失利的同学，很大程度上是因为心态不好。所以，面对学习，乐观的心态至关重要，虽然不能保证拥有了某种态度就一定能成功，但成功的人们绝不会用消极悲观的心态面对生活和学习。乐观会带给你希望，让你斗志昂扬，让你坦然地面对输赢，从而为你获胜打下坚实的基础。一个乐观的人能够扫除他人心头的阴云，这样的人无往不胜！如果缺乏乐观的心态，你就会变得犹豫不决，患得患失，很难正常发挥个人才能，很难从竞争中脱颖而出。

当然，我们每个人都会有郁闷、愤怒的时候，保持乐观的心态并不是说要压抑自己的情绪，而是要让自己把这些不良情绪通过正确的渠道表达出来。比如，在面对尴尬或者难堪的局面时，可以用幽默、善意的自嘲等方式来化解，在解决问题的同时使自己的情绪得到发泄。

第四，你要给自己一个恰当的期望值，不要对自己要求过高。

每个人都希望自己能有所成就，都对自己抱有很高的期望。有一项调查显示，一所初中的孩子对自己期望值普遍过高，对自己的将来抱有不切实际的幻想。有理想、有动力是好事，但不要忽视自己的实际情况，你要成为什么样的人取决于你的成长规律、成长环境、兴趣特长，而不是嘴上随便说说就能实现的，脱离现实的期望只会让自己在巨大的压力面前找不到自己的位置。

从前有一颗草莓，有人跟它说："只要你努力成长，就可以结出像西瓜一样的果实。"这颗草莓听了，便用力地吸收阳光，吸收雨露，汲取营养，但是它结出来的果实仍然是一颗小小的草莓。更糟糕的是，这颗草莓都不知道自己是一颗草莓了。

所以，不管是学习还是以后的工作，如果你对自己期望过高，那么就有可能使自己产生挫败感，心灵也会受到伤害。只有适合自己个性的期望，才能收到理想的效果，你应该顺应身心发展的规律，根据自己的身心发展特点制定一个恰当的期望值，不能揠苗助长，只有这样，才能一步一个脚印地实现自己的梦想。

第五，你要正确对待学习和生活中出现的各种困难和挫折。

蛹在破茧而出时，必须要经过一番痛苦的挣扎，才能造就充实有力的翅膀，才能蜕变成美丽的蝴蝶；树苗也只有经过风雨的磨炼才能长成参天大树；雄鹰只有一次次冒着从悬崖上摔下的危险，才能翱翔于天际；沙砾只有经过千百万次的磨砺才能变成人见人爱的珍珠；温室里的花朵是经不起挫折的，就算它开得再美丽，终究也不能自己面对外面的风风雨雨，只有在困境中孕育出的花朵，才是最有价值的。

同样的道理，每个人在成长的过程中都不可避免地会遇到各种困难和挫折，当你在学习上遇到挫折时，别灰心，别后退，更不要因为这次成绩不理想，就放弃它。正确的做法是应该面对挫折，发现错误，并纠正错误，勇于向前，为下一次考试成功做好充分的准备。

第六，面对学习压力，不要被它打垮，而是要找到适合自己的排遣方法，使自己得到放松。

现在社会中，社会各界对青少年的期望越来越高，在这种竞争激烈的环境中，难免会出现越来越大的压力。很多人面对繁重的学习压力感到手足无措，尤其是在考试之前压力更为明显，经常出现失眠、焦虑、抑郁等症状，不仅损害自己的身心健康，而且影响到正常的生活和学习。

我们生活在一个充满竞争与机遇的时代，压力无处不在。如何看待身边的压力，如何变压力为动力，是走向成功的关键所在。

第一，要认识到面对激烈的竞争，自己的身体和心理出现变化是正常的，比如，考试之前会多少有一些紧张，当成绩出来之前会莫名的焦躁，当自己成绩不好时会由于惧怕批评而感到害怕……当自己出现这些应激反应时要轻松对待，不要大惊小怪，认为自己不正常。

第二，对待已经产生的压力，千万不要冥思苦想，夜不能寐。要找到合适的途径来排遣，用一些方法使自己放松，比如找一些理解你的倾诉对象一吐为快；将自己心里的感觉向父母、老师、朋友诉说，希望他们能理解自己；也可以选择音乐疗法、体育疗法等来给自己减压；重要的是要保证良好的饮食和睡眠，使生活保持规律，这也是缓解精神压力的办法，都能使情绪得到一定程度的释放，可以使自己的身心健康发展；当情绪反应、生理反应越来越严重，无法自己解决时，要尽早去看心理医生。

每个人的生活经历、生活环境、智力水平都不同，也许我们努力了，但依然没有成为班里的佼佼者。没有关系，成绩并不能代表一切，只要你拥有了积极的学习心态，只要你每次都能超越自己一点儿，只要你在努力地前进，那么你就是最好的自己！

4. 注重学习，但不做书呆子

故事导入：

小米今年14岁，刚刚升入初一。他是一个"嗜学如命"的孩子，天天抱着书本看，有时甚至到了如痴如醉的程度。正因为他这种"孜孜不倦"的精神，小小的年纪就戴上了眼镜。在小米对书本的"狂热"喜爱下，自然也取得了一定的成绩，班里的每次大考小考他都名列前茅，尤其是那些死记硬背的科目，拿起高分更是易如反掌。

爸爸妈妈看他这么喜欢读书，并且成绩这么优秀，心里很高兴，认为孩子有学习的自觉性是一件很难得的事情，并没有过于关注孩子的学习方法，认为不管他怎么学，只要拿到成绩就是硬道理。而且家里只有这么一个孩子，所以家长对他百依百顺，只要是他的要求，家长就会尽最大可能满足，一点儿也不含糊。

在父母的娇生惯养和不正确的学习方法下，小米渐渐养成了"衣来伸手、饭来张口"的坏习惯，每天回到家什么也不做，连同学邀请打篮球都不去，更别说帮助家长做家务了，他唯一的事情就是坐在书桌前写作业、看书。

有一次，妈妈身体不舒服，让他去看看水烧开没有，他去揭开茶壶的盖子看了一下，跑回来很认真地问妈妈："水开了什么样？我也不知道水到底开了没有，还是你去看吧。"妈妈当时就震惊了："14岁的孩子，上初中了竟然连水开了没有都不知道！这样下去，孩子的学习成绩上去了，但是生活技能和生存能力却得不到提高。"她意识到不能再让儿子这样下去了，否则他只能变成只会死读书的"书呆子"。

孩子心声：

我性格内向，不爱说话，因此不太合群，看到班上的孩子下课后追逐打闹，我不知道怎么加入到他们中间。其实，我心里并不想和他们在一起打闹，因为我接受不了这么闹腾的活动，而且爸爸告诉我一定要好好学习，只有这样才能出人头地，才能实现自己的梦想，才能过得比别人好。所以，当别人在游戏的时候，只有我一个人在教室里看书，有时我还会一边吃饭一边看书，还有一次走路的时候拿着书差点撞到了柱子上面，引来同学们的捧腹大笑。很多同学都嘲笑我是"书呆子"，说我就知道读书，别的什么也不会。其实别人怎么说我无所谓，我只想着好好学习，努力拿高分，报答爸爸妈妈对我的爱，我一定要努力学习，让别人对我刮目相看，让爸爸妈妈以我为荣。

家长回应：

　　首先，爸爸妈妈必须向你反省我们对待学习的定位。我们有时候过于让你看重书本知识的学习，而忽视了对你进行其他方面的培养，比如生存能力和健康的生活方式等。我们对你的评价很多时候只是来自于与别人成绩的比较，导致你只知道埋头读书，而忽视了生活中还有很多比学习更有意思的事情，甚至导致你连读书也走了极端，用错了方法。

　　死读书并不是正确的学习方法，你在学习的时候一定要注意劳逸结合，遵循记忆规律。在学习之余，一定要经常放松，比如课间的时候要出去呼吸外面的空气，和同学们玩一些有益于身心的游戏，这样不仅能使大脑得到休息，还能促进你和同学之间的关系，要知道，人际关系搞不好也是制约你在社会上生存的重要因素。

　　另外，周末或者节假日也不要一直坐在屋里看书，可以出去散散步、爬爬山，看一看"走近科学"和"动物世界"等电视节目，以达到放松心灵、愉悦身心的目的。总之，你在学习的同时要保证自己有充分休息与娱乐的时间，学习的目的是为了让你更好地生活，而不是要剥夺你的快乐。

　　爸爸妈妈要告诉你：要想在社会上生活，不仅需要知识的积累，还需要生活能力的提高。所以，你还要学会做一些力所能及的家务劳动，如果你连最起码的生存都不能保证，就算拿最高的分数也不能适应这个社会的发展。

给孩子的建议：

陶行知先生有一句教育名言，他说："书呆子就是读书没有目的的人。我平时尽力劝人不要做书呆子。"书本是学习的工具之一，只可用，不可念。如果一个人只知道读书，对身边的事一无所知，甚至连最基本的常识都不懂，就是书呆子，这种人无论是对自己还是对社会都是无用的。

如果你也被身边的同学调侃为"书呆子"，这说明你读书的方式、方法、思维出了问题，而这方面的问题，必须及时解决，这样才会使你"努力"学习的知识能派上用场。

第一，你要学会自主学习，敢于质疑自己认为不对的知识。

"尽信书则不如无书""吾爱吾师，但吾更爱真理"，这些名言都说明自主意识在学习中的重要性，你要知道，书本上的不一定是对的，老师也有疏忽的时候，无论什么时候，你都要自己动脑筋思考问题，敢于质疑权威，成为学习的管理者。

在学习中，没有问题才是最大的问题，如果你盲目地相信书本和老师，单纯地认为只要是书本上写的就是正确的，只要老师说的就是真理，就会成为"迷信书本、崇拜老师""毫无思想"的不折不扣的书呆子，这样的人不敢越雷池一步，自然不会有什么发现，更不可能有什么见地，只能跟随着别人的脚步前进，甚至会因为别人一句无心的口误而走上歧路。

知识的海洋是无止境的，一个人无论有多大的学问，也总会有无知的时候；一本书无论多么权威，也总会有失误的地方，而多疑、善疑、质疑、探疑才是获取新知识的途径。如果达尔文没有对"特创论"的怀疑，就不会有"自然选择学说"的确立；如果哥白尼没有对"地心说"的怀疑，也不会有"日心说"的创立。只有敢于质疑、自主思考才能使我们真正地去学习，而不是做书本的奴隶，所以说，我们必须学会"发现问题，明确问题，提出问题，解决问题"。

第二，你要养成不懂就问的习惯，不要不懂装懂，只知道自己"啃课本"。法国著名作家巴尔扎克说："打开一切科学的钥匙毫无疑义的是问号，而生活的智慧，大概就在于逢事都问个为什么。"

但是现在的问题是很多孩子不好问、不愿问、不会问，造成了不少学习问题。比如，平时在书本例题的帮助下可以把题做对，可一到考试就不会；一道题会做了，但稍微变化一下形式就又不会了；在作文书的参考下，可以写出一篇不错的文章，可大部分都是剽窃书本，没有自己的思想，一到自己写起来，就跟挤牙膏似的，数着字数凑文章。

这就是过于依赖书本的表现，所以，你在学习时要带着问题去看书，集中注意力，在看书前首先思考自己要解决什么问题；其次，在预习课本时也要主动寻找问题，以便听课时在老师讲解该问题时集中注意力听讲；最后，在练习时努力地去解决一个个问题，争取把这一类型的知识理解透彻，而不是只在例题的帮助下单纯地套模式。

解决问题的过程就是不断进步的过程，只有带着富有趣味和价值的疑问去学习，才可以突破思维定式和思维惰性的局限，活跃思维，从而使自己积极主动地完成学习任务。而且，当你怀着强烈的质疑去读书和学习时，也能提高自己的求知欲和学习兴趣，产生思维的火花，而不是被书本牵着鼻子走。

第三，你要科学安排自己的学习时间，学会有计划地学习，而不是"眉毛胡子一把抓"，盲目地去看书。

随着中学学习科目的增多，难度增加，科学安排时间十分重要。你要对自己的学习有一个总体上的规划，制订一个适合自己的学习计划。制订学习计划时注意要遵循以下原则：弹性原则，即在学习的时间分配上要留有一些空余，这是十分必要的，只有这样才能富有弹性地去学习，不断调整自己的学习进度；自然原则，即在学习时要遵循规律，学到一定的时间就要适时地休息和娱乐，不要硬着头皮去学习，让大脑超负荷工作；增强原则，即用增加学习行为发生频率来督促自己去学习。

第四，要想成为一个成功的学习者，单纯地迷恋读书是不够的，你还要学会正确地读书。

首先，作为中学生，要想读好书，必须重视并学会阅读课本，认真学习老师教的课堂知识。课本，是学习的根据，要想取得好成绩，没有比读透课本更重要的了，如果你不认真听取老师在课堂上讲的书本上的内容，课后上再多的补习班也很难取得好成绩。但并不是所有的孩子都知道应该怎样使用课本，不要以为可以从课本上找出解题的公式，可以把题做出来，就是读了课本了，这种学习的方法对于中学阶段的学习是完全不可行的。

要想吃透课本，在上课之前，要先预习课本中老师要讲授的内容，这一遍不用精读，只要明白老师要讲什么就可以了，自己弄不懂之处要做记录，以便在听课时心中有数，有针对性地去听，提高听课效率；课后不要急着去做练习，而是要对课本上的内容进行消化，及时、仔细、逐字逐句地阅读课本，并在此基础上深入理解；在学完一个小节或者一章之后，也应该把学过的知识做一次系统的总结，进行知识归纳，这样有助于自己更好地掌握书本上的知识。

其次，只读课本是远远不够的，除了精读课本外，还要进行广泛的课外阅读，以扩大自己的知识面，开拓自己的视野，活跃自己的思维，培养自学能力。课外阅读的范围很广泛，像一些科普书籍、报纸杂志等都可以涉猎。对于自己特别感兴趣的内容可以精读，一般的可以选择泛读。如果遇到自己都不太懂的问题要及时向老师、家长请教，对于一些超越自己智力阶段的知识没有必要弄得一清二楚，先了解一下就是有益的，等自己到了更高的求学阶段，再去深究。

最后，不要过分依赖辅导书和辅导班。很多人都认为，只在学校学习知识是不够的，于是疯狂地买辅导书，去补习班，还有的孩子有专门的家庭教师来辅导……可是，参加课外辅导并不会使自己的水平有多大进步，因为辅导书、辅导班的学习内容只是对课堂知识的重复，并没有什么进展和创新，还容易使自己过于依赖课下辅导，而忽视了课堂上的学习。太多的参考书也容易使自己迷失方向，一会儿翻这本，一会儿翻那本，不知不觉中就会漏掉学习重点，所以，把学习的重点放在课外辅导上，对学习其实没有多大的帮助。只有先把课本上的知识弄懂之后，如果还有精力去补充学习，再用参考书也不迟。

第五，在读书的基础上，你要注意培养自己的观察力、注意力、记忆力、想象力与思维力等，尽可能挖掘自我内在的学习潜力，做到知行统一。

许多家长总是这样对孩子说："只要你好好学习，什么事都不让你做。"殊不知，学习习惯的培养离不开生活习惯的养成，实践出真知，如果一个人除了学习什么也不会，那就无法在这个社会上生存。

实践是认识的基础，是检验真理的标准，在实践中学到的知识才是真正的知识。人行千里路，胜读十年书，所以，你要懂得认识与实践的辩证关系，注重实践的作用，把学习和实践结合起来，善于在实践中学习和积累，把学习中得来的知识用在实际工作中，解决实际问题，切忌学而不用。

读书可以获得知识，但是书中的知识不能代表所有的知识，亲自看到、听到、接触到的知识也非常重要。比如，你可以去旅行，也可以进行一些实际操作，学到一些书本以外的知识，真正地了解一件事物。

第六，你要培养自己的动手能力、操作能力和实践能力，进行自发的探索活动。

在生活中总会有一些孩子这个不敢动，那个也不敢碰，"我拿不动水壶，还是你自己去拿吧""我怕烫，不敢端碗""这个我做不好，还是让我看书去吧"……这样无疑是在限制自己的动手能力。其实，很多事情并没有你想象的那么难，你在进行实践的过程中，不仅会得到探索的乐趣，还能发展自己的思维能力和创造力。

1962年诺贝尔化学奖得主鲍林的父亲是一个药剂师，鲍林小时候就经常到父亲的实验室去玩。看着父亲调配药剂，他对实验也产生了浓厚的兴趣，很想亲自动手做实验。

在鲍林的强烈要求下，父亲开始慢慢教他怎样调配药品，怎样做实验。渐渐地，他学到了很多关于药品和实验的知识，当然也提高了自己的创造精神。

鲍林9岁时，父亲因病去世，使他一度感觉生命失去了意义。后来，他得知好友的父亲做了"高锰酸钾产生气体"的实验，怀着自己和父亲共同的梦想，他又重新走进实验室，并对化学产生了浓厚的兴趣。他一直不间断地做各种实验。正是由于小时候培养了自己的探索和操作能力，加上不断锻炼，鲍林终于走上了科学探索的道路，并在化学领域取得了巨大成就。

第七，你要努力做到全面发展，同时注重发挥自己的特长。

作为新一代的学生，不能只注重单方面的发展，而是应该德、智、体、美全面发展。就学科学习来说，不能偏科，首先，要注重文理科的全面发展；其次，要注重音乐、美术、体育等艺术科目的学习，以提高自己的文化修养、鉴赏能力、各种才艺，还能使自己有一个健康的体魄，有助于更好地学习；最后，还要提高自己的道德水平和人格修养，使自己得到别人的尊重和学会尊重别人。

第二章

孩子，爸妈能告诉你什么是友谊，但不能代替你与朋友相处

孩子，爸爸妈妈可以选择无条件地爱你，让你感受到亲情的美好。但是我们知道，人的一生中，不仅需要亲情的滋润，还需要友情和爱情的灌溉。只有体验了亲情的深度，领略了友情的广度，拥有了爱情的纯度，这样的人生，才称得上是名副其实的人生。

爸爸妈妈知道朋友在你心目中的分量，但是你有时不能领会友情或者爱情的真正含义，你也不是什么时候都能处理好和朋友的关系。你要知道，哥们儿义气并不是真正的友谊，早恋也不是真正的爱情。爸爸妈妈要告诉你，什么才是真正的友情，怎样做才是真正地为爱情付出，如何才能维护自己的友情……

所谓"与善人居，如入芝兰之室，久而不闻其香；与不善人居，如入鲍鱼之肆，久而不闻其臭。"朋友可以影响我们的人生，好朋友能温暖我们的心灵，在关键时刻给我们鼓励和帮助；坏朋友却使我们的生活偏离正确的方向，使自己受到对方的侵蚀。所以我们要交"益友"，不交"损友"。

1. 近朱者赤，选择朋友就是在选择未来

故事导入：

小鹏今年12岁，上小学5年级。他的学习成绩一直不好，经常和小区周围几个调皮捣蛋的孩子在一起，惹是生非。后来，他的爸爸妈妈认识到孩子的交际活动很重要，于是帮助小鹏转学。由于新学校同旧校学习进度不同，老师安排小鹏坐在第一排，并让他和班上学习成绩最好的同学同桌。久而久之，小鹏在周围朋友的熏陶下，也逐渐喜欢上了学习。虽然他是中途转学，但是成绩进步惊人，还以班级第五名的成绩考上当地的重点初中。

孩子心声：

爸爸妈妈一直在和我强调朋友对人生的重大作用，

并鼓励我多交一些对自己有帮助的朋友，这些我也知道。可是，很多时候，朋友并不是让你来"精挑细选"的，而是你经常和谁接触、经常和谁在一起，就会自然而然地和谁成为朋友。我的学习成绩不好，同桌、室友、周围都是一些不爱学习的同学，我肯定不能因此就对大家"避而远之"吧，毕竟，我的学习也不好，根本没有资格"嫌弃"别人成绩不好。更何况，每个人都有自己的长处和优点，我的朋友虽然学习不是那么优秀，但也给了我很大的帮助，我也从他们身上学到了很多东西。

像我这种孩子，还是跟和自己比较像的同学比较谈得来，跟那些特别优秀的同学交朋友也没有共同语言，时间久了，还显示出我多么不如人家，我才不愿意和比"高我一等"的人在一起被比下去呢！

家长回应：

首先，爸爸妈妈不得不承认，你的性格很开朗，而且有不少朋友，人缘也不错。但是，我们也不能不说，虽然你有很多朋友，但是举目四望，却会发现：真正优秀的能带给你帮助的朋友并不多。我们并不是要限制你的交友自由，更不是瞧不上你的朋友，只是你似乎在刻意避开那些优秀的同学，你并不愿意与那些明显比你优秀或者年长的人成为朋友。

孩子，我们相信你周围肯定有很多优秀的同学，我们并不反对你和周围亲近的人交朋友，但是同时我们也希望你能扩大一下自己的交际范围，能够和你们班、你们年级，甚至你们学校最优秀的人打交道。不管他们是学习成绩好，还是品德高尚，或者是在某方面有专长，你都应该虚心地向他们学习，并真诚地以他们为友。

有句话说得好："一个人能走多远，看他与谁同行；一个人有多优秀，看他身边有什么样的人；一个人有多成功，看他由谁指点。"如果你身边最亲近的人并不值得信赖，如果你的朋友在你遇到困难的时候爱莫能助，不能给予帮助和支持，那么你将很难取得进步。

爸爸妈妈并不是要让你只知道从朋友身上索取，而不知回报，朋友之间当然需要互相帮助、互相照顾。只是在你的自身能力还成问题的时候，不要为了满足自己的虚荣心一味地去找那些还不如自己的人做朋友，那也许可以保护一下你脆弱的自尊心，但并不能促进你以后的发展。你还小，看不到朋友对你的未来究竟会有多大的作用，爸爸妈妈不能不帮你预见。你需要与那些比自己更加优秀的人为友，学会像他们一样学习、思考，学会像他们一样处理面对的问题，才能真正地提高自己。

当然，我们并不是说成绩可以代表一切，更不是以成绩论朋友。不可否认，那些学习成绩不好的同学，他们身上也有自己的优点，你能认识到这一点，说明你是一个正直、善良的好孩子。但你更要认识到，在那些成绩优异、各方面经常得到老师的表扬和赞许的同学身上，你才能学到更多。

孩子，爸爸妈妈真心希望你能和一些优秀的人成为朋友，而且相信你总有一天会和他们一样优秀，甚至比他们更优秀！

给孩子的建议：

人们常说，在家靠父母，出门靠朋友。一个好的朋友可以影响我们的人生，温暖我们的心灵，在关键时刻给我们以鼓励和帮助。

第一，你要和正直、坦荡、诚实、守信的人做朋友。这不仅是交朋友的必要条件，也是对一个人最起码的要求。如果连最起码的人品都无法保证，那么这个人根本不值得去交。俗话说："近朱者赤，近墨者黑。"如果你和一些道德素质高的人交朋友，自然能在潜移默化中学到对方身上的一些优点。反之，如果你总是和一些身上有许多不良习性的人交往，时间长了，不知不觉就会沾染上他们身上的一些恶习。

第二，你要和好学上进的人做朋友。你交上一个好学上进的朋友，不仅可以促进自己的学习，还能提高自己的认知能力。和好学的人做朋友，那么你们在交流的过程中自然就会经常谈论和学习有关的话题，这样你们才能学到更多有用的知识。反之，如果你和一个一提到学习就头疼的人做朋友，那么你们之间的交流只能是学习之外的事情，这样对促进学习也就不会有多大帮助。

第三，你要和理智、果断的人做朋友。因为一个人的智慧和勇气是可以传递给另外一个人的。这样的朋友会在你怯懦的时候，给你勇气；在你犹豫不前的时候，给你果决；在你不知所措的时候，给你建议。有一个这样的朋友，你就等于吃了定心丸，时时刻刻都会保持信心和底气，那样你才更容易走向成功。

第四，你要和宽容、大方的人做朋友。宽容是这个世界上最大的美德，每个人都会犯错误，都会有意无意地妨碍甚至伤害到自己身边的朋友。如果你的朋友不能理解你，不能原谅你的过错，对你过分地苛责，那么你就会感到失望甚至力不从心。宽容是一种力量，有一个这样的朋友，他会给我们一种信任，让我们毫不顾忌地去追求、去奋斗；他会净化我们的心灵，不会让我们消沉，也不会让我们放纵，而是让我们从他的包容里，找到自己的不足和过失，从而不断完善自己。

第五，你要和敢于指出你错误的人做朋友。真正的朋友不是一味地附和你所说的一切，也不是无条件地支持你所做的一切，而是敢于指出你的缺点，敢于对你说"不"，敢于得罪你的人。

古人云："士有净友，则身不离于令名。"意思是说，一个人如果有能直言相谏的朋友，就会保持好名声。朋友是一面镜子，每个人都可以在朋友身上看到自己的影子。忠言逆耳利于行，那些在你得意忘形的时候泼你冷水的朋友、在你享受成功喜悦时给你敲警钟的朋友、在你骄傲自满的时候把你骂醒的朋友才是你真正的朋友，而那些在你得意时阿谀奉承、在你失意时唯恐避之不及的人并不是你真正的朋友。也许朋友的净言听起来可能会很刺耳，心里会一时感到不舒服，但是这些话却会渗入你的思想，让你时刻保持清醒，不至于被现实冲昏头脑。

第六，你不能排斥和比自己优秀的人做朋友。人应该和高过自己的人交往，和那些经验多、成绩优异的人接触，这样你才能受到对方潜移默化的影响，使自己具备更完善的人格和更多的能力，也能激励自己不断努力。如果你只和比自己差的孩子接触，那么就会不断降低对自己的要求，使自己渐渐退步。

2. 近墨者黑，你要慎重交友

故事导入：

　　这是一个少年交错朋友误入歧途的事例。

　　年仅15岁的小军是一名初中学生。在他11岁的时候，父母离异，他跟随父亲一起生活。其父常年在外打工，小军就由年迈的爷爷照顾。因为自卑，小军从来不和班上的优秀同学交往，尤其是那些家庭幸福、成绩优异的同学。也许是物以类聚，也许是惺惺相惜，小军常常和那些学习成绩差、经常惹是生非的单亲家庭孩子交往，为了寻找符合自己这种要求的"朋友"，小军开始到社会上去交朋友，这些人都是一些辍学后无所事事的不良青年，没有正当职业，经常靠偷摸拐骗来维持生计。

　　有一次，小军在某小区闲逛，发现一小孩拿着一个新型手机在等人。想到自己身无分文，小军便打起了这个小孩的主意。"快点，把你身上的钱拿出来！"小孩很害怕，马上将自己身上仅有的零花钱给了小军。小军当然不会就此罢休，威胁小孩把手机给他。得手后，迅速开溜。

第二天，小军在街道上被警方抓获，由于涉嫌抢劫罪，被判缓刑。

孩子心声：

我当然知道不能和社会上的不良少年交朋友，更知道一旦误入歧途会给自己的人生带来很大影响。但问题是，爸爸妈妈总以自己的观点和价值观来评判我的朋友，甚至无中生有，总能"预见"我的朋友的未来，总是把一些没有发生的事情说得像已经发生了一样。

为什么我只能和学习好的同学交朋友，这是典型的势利和对别人的不尊重；为什么活泼一点儿就是调皮捣蛋、无事生非，就要"被"你们说成没有前途，这也太主观主义了；为什么犯一次错误就要我和朋友断绝关系，我们之间的友谊没有那么不牢靠；为什么我不能和社会上的人交朋友，难道在你们心里，步入社会的人就都是不良少年吗？也没必要一棍子打死吧！他们中的很多人都是因为生活压力，被迫进入社会的，他们比我们更加懂得生活的艰辛和无奈，为什么我们不可以成为朋友、互相帮助呢？我有选择朋友的自由，也有辨别是非的能力，请不要武断地干涉我的自由！

家长回应：

孔子说："益者三友，损者三友：友直，友谅，友多闻，益矣；友便辟，友善柔，友便佞，损矣。"

孩子，人的一生在不断成长的同时，会遇到形形色色的人。我相信你周围一定有很多品学兼优的同学，但是你为什么一定要选择去社会上结交一些朋友呢？当然，爸爸妈妈并不是一口咬定，社会上的青年就都是对你有害的，但是扪心自问，你觉得自己真的完全具备辨别是非的能力吗？

社会上纷繁复杂，就连大人有时候也会上当受骗，更别说正处于青春期的你们了。不要以为在一起吃喝玩乐就是朋友，不要以为在一起称兄道弟看起来很铁就是朋友，也不要以为在后面当几次小跟班别人就会把你当作朋友，更不要觉得在社会上豪强霸道甚至飞扬跋扈是一件很能体现"男子汉气概"的事。无论什么时候，你都应该记住：酒肉朋友不是真正的朋友，也许这些人在饭桌上会和你称兄道弟，会自称是你的铁哥们，但是在你需要帮助的时候，在你处于弱势的时候，有人也许只会在一旁看笑话，并不会真心实意地帮你。

而真正的朋友是在你有难时不会离你远去的人，是能伸出援助之手拉你一把的人，这才是你真正要花心思去结交的人。在年轻时扩展人脉是很正常的，但是随着自己的成长你会发现，在那些成群的朋友当中，有很多并不值得你去交往。

虽然到目前为止，你并没有因为结交不良朋友而变坏，可长期下去，爸爸妈妈真的担心你会受到他们的影响。很大一部分青少年走上犯罪道路，就是从结识不良朋友开始的，都是因为父母平时疏于管教，所以，爸爸妈妈一定要做负责任的父母，给你一些交友指导，否则你一旦交友不慎，就容易在耳濡目染中潜移默化，那时后果将不堪设想。

当然，爸爸妈妈知道你正处于青春期，一方面，强烈地渴望脱离父母的束缚；另一方面，面对外面的世界，又有一些彷徨和犹豫。所以，我们不会逼着你去做出选择，也不会强制限制你和别人的交往，因为我们知道这样是无济于事的，只有通过亲身体验，你才能知道哪些行为正确，哪些是错误的，才会逐渐成熟。不过你要记住，自己一定要为自己的行为负责，一旦你出现什么麻烦，一定不能再同他们交朋友，而且你选择别的朋友的自由也将会受到限制，这是对你以前错误的惩罚。你既然有了自由，就应该为自己的行为负责任。

给孩子的建议：

交友是青少年社会交往中非常重要的事情。朋友之间可以互相帮助、互相影响，从彼此那里得到温暖和力量，而且学生时代的友谊往往可以维持到成年之后，是人的一生中不可多得的财富。所以，青少年结交朋友本是正常的现象，但是，有些青少年在交朋友的问题上，往往缺乏认真的考虑和选择，如果交了一位坏朋友，那将是非常危险的。

青少年鉴别是非的能力较差、社会经验还不够，在交友的过程中往往盲目性较大，容易受到环境的影响。一旦在学校、社会上交上一些不好的朋友，不仅会影响到学习，还会对品行产生影响。试想，一个品学兼优的学生如果突然和一群不三不四的朋友在一起，每天饮酒作乐，上网打游戏，挥霍无度，横行霸道，何愁没有学坏的机会呢？

因此，作为青少年，一定要擦亮自己的眼睛，多交一些有益的朋友，远离那些有问题的人。

　　第一，对于那些爱上网吧、爱打架干坏事、偷窃成性、经常说谎、时常酗酒赌博的人，不要轻易接近。这样的人只想着刺激好玩，整天无所事事，如果没有钱花，就会去抢劫、偷窃、勒索。如果你和他们在一起的时间长了，就会受到对方的影响，不知不觉也就会沾染上他们身上的一些恶习，走上和他们一样的道路。这样，久而久之，你也会陷入堕落的深渊无法自拔，甚至会误入歧途。当然，对于有缺点的人，并不代表就要排斥和冷落，你要做的，是借助老师和家长的力量帮助他们，使他们改正自己的恶习，并成为你值得深交的好朋友。

　　第二，对于那些性格暴躁、没有理智、容易冲动的朋友，也不要深交，否则容易被人牵着鼻子走。每个人的性格不同，处理一件事的态度也不同，有时候碰到一些小矛盾，也许你还在犹豫，但这种性格的朋友却会首先发怒，火上浇油，并怂恿你去"报仇"。也许他们并没有恶意，只是在为你打抱不平，但是社会上很多青少年犯罪，都是从打群架开始的，而且掌握不好分寸很容易出人命。盲目的愤怒只会给你带来麻烦，甚至带来无法挽回的后果。这种脾气暴躁的朋友看似在帮你，实则在害你。所以，真正的好朋友，应遵循理性的原则，在你遇到麻烦时，及时劝解，使你恢复平静，而不是拱火，让你去做一些危险的事情。

　　第三，对于那些优柔寡断的朋友，结交时也要掌握好分寸。这样的朋友不能在关键时刻拉你一把，不会在你遇到困难时给你好的建议，不会在你需要帮助时助你一臂之力，只会因为他自己的优柔寡断阻止你去做一些事情，使你错失最好的机会。比如，你想报名参加一个手工竞赛，去问朋友，他会说："你再想想吧！这样太浪费时间了，万一你失败了，更是得不偿失。"你想挑战自己，去参加学校的运动会，但是朋友却会说："你真的决定了吗？你的体育成绩一直不好。"这样的朋友，在关键的时刻，会给你一种制约的力量，让你觉得还是退一步吧，往往会使你错过身边很多的机遇。所以，你一定不要被优柔寡断的朋友干扰了思维，妨碍你抓住机遇，迎接挑战。

第四，对于那些经常吃喝玩乐的朋友也不要交往过多。这些人胸无大志，每天过着吃饱混天黑的日子，得过且过，他们不知道要对自己的人生负责，甚至不知道责任是什么，这样的朋友怎么可能会对自己身边的朋友负责呢？要知道，交朋友不是用来请客吃饭的，也不是用来嬉戏打闹的，那不是真正意义上的朋友，只能称作"酒肉朋友"，真正的朋友是可以与你分担忧愁、共享欢乐，互为榜样共同进步的！

第五，对于那些心怀鬼胎、心计很大的人一定要提防。这样的人自以为是，总是喜欢玩弄权术，以不择手段的方式去谋取个人利益，而且这种人往往会装出一副善良无辜的面孔，以掩盖自己内心深处的惶恐和不安。如果你交了这样的朋友并且以他们为榜样，容易形成不良的学习和生活方式，并影响自己的人生观和价值观。为了不被这种人利用，你在交友时可以参考以下这些建议：可以通过观察对方的着装、礼仪、言行举止、有无不良嗜好来判断他是否值得深交，如果他经常无缘无故向你施以小恩小惠，而且没经过什么实际接触就表现出十足的热情，经常对你进行口头称赞和吹捧，这时千万要小心，要避免掉进他的陷阱，可能他只是想利用你去做一些违法乱纪的事。如果这样的"损友"要邀请你去参加一些活动，一定要问清楚他找你做什么，以及时间地点，对于不合理的邀约、不合法的活动要意志坚定地拒绝，不要犹豫，也不要被诱惑。

3. 打架斗殴不是真的重感情

故事导入：

　　小黄是某市高二的一名学生，有一次他在公共水房洗衣服时忘记了拿衣架，回宿舍去取。当小黄返回时，却发现自己的衣服和水盆被挪位了。原来是小武要用水龙头，把小黄的移开了。小黄气不打一处来，冲着小武大喊："谁他妈叫你动我的水盆的?老子正用呢！"小武也不甘示弱："你骂谁呢？这是你家的水房啊，占着地不来人！"两人发生了很激烈的争执，从破口大骂到互相厮打，后来在同学的劝解下才停止。

　　本来事情应该就此完结，可没想到小武回宿舍后，最好的朋友志海看到他被打得鼻青脸肿，很是气愤，"让这孙子给你赔偿医疗费！你别怕，我给你撑腰，咱找他去！"小武的气头也没下来，于是和志海一起找到小黄，几句话没说到一块，又大打出手，志海动手打了小黄两个耳光后，被小黄宿舍的人强行拉开。

小黄吃了亏，自然不肯罢休，便逃课跑到校外找到自己初中的一帮哥们儿，让他们一起去教训教训志海和小武，他的这些铁哥们儿二话没说就答应了。他们前往小武宿舍的时候，被志海看见，他立即找到七八名老乡到小武宿舍帮忙。结果，他们和小黄带来的一帮人恶战了一场，最后，小黄用随身携带的水果刀将小武和志海二人捅伤，事后小黄马上逃离了现场。

志海和小武被刺伤后，在其他同学的帮助下，被送往医院抢救，志海因抢救无效死亡，小武虽然保住了性命，但也给自己留下了终身的伤痕，这伤痕不仅是身体上的，也包括心理上的。而伤人的小黄也被开除学籍，由公安机关拘捕，追究其刑事责任，并赔偿志海和小武的医疗费等数万元。打群架的双方也都受到了校纪处分。

孩子心声：

自从我上学后，朋友就是和我在一起时间最长的人，有时甚至超过了我的父母，友情也是我生命中不可缺少的一部分，我们之间常常是互相模仿，互相影响，彼此无所不谈，可以互诉苦恼、互相同情，我可以从朋友那里得到温暖和力量。所以，当我看到自己的朋友受到委屈和不公平待遇时，当然要不顾一切地站出来为他主持公道，甚至报仇雪恨。如果见到朋友有难不肯出头，不"拔刀相助"，而是躲在后面，那还算什么哥们！我为了哥们儿义气可以"上刀山、下火海"，在所不惜，这才是讲义气的表现！否则我就没有资格成为别人的朋友了。

家长回应：

孩子，我们知道你正处在血气方刚的年纪，非常看重义气，朋友在你心中的分量很重，有时你把朋友的事看得比自己的事情还重要，朋友受到伤害，你比他还要愤怒。这说明你是一个重感情、有情有义的好孩子。

但是，孩子，我们希望你能明白，哥们儿义气并不是真正地对朋友好，也许你是为了帮助朋友出口气，但是你有没有想过，你的一时冲动会给自己以及朋友带来什么样的后果？就像上面那个事例中的志海，他看似是为了帮助朋友才去找人给他报仇，但实际上他却是在拿自己和朋友的生命开玩笑，造成了那么惨重的代价之后，你还坚持认为他的做法是对的吗？

古人云，"小不忍则乱大谋"，冲动是魔鬼，不管你是出于什么心理，为了哥们儿义气失去理性，都是十分愚蠢的行为。在这个世界上无论是谁，都可能遇到一些误会和冲突，但是处理方式不同就会产生截然不同的后果。孩子，我希望你能明辨是非：其实打架斗殴不是真的重感情，很多事情过去之后，你会发现，其实并没有必要那么冲动，如果当时不逞强、少说两句就会化戾气为祥和。

给孩子的建议：

如今，青少年打架斗殴已经成为酿成突发性暴力事件的重要原因，更是造成青少年犯罪的直接诱因。打架斗殴的原因有多种，或是为了哥们儿义气而两肋插刀，或是因闹纠纷图报复而拳脚相向，或是因男女关系处理不当引发打架斗殴，或是因为好勇斗狠而恃强凌弱、称王称霸，或是因一点矛盾而恼羞成怒、反目成仇。

打架斗殴的青少年正处在青春期，年轻气盛，性格不稳定，易冲动，喜欢意气用事、道德观念模糊、爱憎不明、善恶颠倒、头脑简单，好用武力、缺乏法律意识、喜结伙、重"义气"，"为朋友两肋插刀"，缺乏明辨是非的道德判断力，容易因为鸡毛蒜皮的小事而失去理智，一旦情绪失控，往往不顾后果，给自己以及身边的朋友带来不可挽回的损失。

作为青少年，你要学会用原则来纯化友情，对于一些大是大非的问题，必须要讲原则，如果包庇、隐瞒、纵容朋友，甚至怂恿朋友去做一些违法乱纪的事，只会使友情蒙灰、变味，甚至走向歧途。

第一，你要明白打架斗殴的危害。

打架斗殴是一种典型的故意伤害行为，不管是出于保护朋友还是伤害对方的目的，都会对双方造成身体的损伤，使双方遭受伤痛的折磨，甚至会威胁到双方的生命安全，还给家庭造成巨大的经济负担，扰乱学校正常的教育，影响同学们正常的学习和生活，给社会带来不良影响。

你要明白，每个人的生命都是平等的，无价的。别人的生命与健康与你的同样重要，因为一点鸡毛蒜皮的小事就头脑发热，找朋友和你一起去打群架，不仅是对自己的不负责，也是对朋友的不负责。一旦失手，就只能导致两个后果，或者自己的生命健康受到损害，或者是构成故意伤害罪，被追究刑事责任。这些代价都是惨重的，是你担负不起的。

第二，你要提高自己的道德修养和忍让精神。

当自己和别人发生矛盾时，要谅解对方，站在对方的角度想想，而不是满口脏话，骂骂咧咧，使矛盾升级，更不能纠集自己的朋友为自己报仇，这样争强斗狠的结果只能导致两败俱伤。朋友是用来珍惜的，不是用来炫耀的，如果你把自己的朋友当作为你"逞强斗狠"的工具，让他为了你卷入一场不必要的是非中，那就代表你根本没有把对方当朋友。

在遇到这种情况的时候，相互谦让会比开口就骂更能解决问题，如果双方都能互谅互让，就会使矛盾得到化解，你也可能因此得到一个好朋友。

第三，你要树立正确的人生观、世界观，做一个坚持原则的人，摆脱狭隘的哥们儿义气。

当你的朋友和别人发生矛盾时，不管谁对谁错，你都不能火上浇油，怂恿他去打架斗殴。如果是朋友受了委屈，你要做的是劝慰他，让他试着去理解别人、原谅别人，你可以建议他用健康的方式去发泄自己心中的不满，比如陪朋友去看一场电影，打一场球赛等。绝对不能在这个时候过于愤怒，说出一些"狠话"，激发朋友的怒火，使他"冤冤相报"，导致酿成更严重的后果而无法收场。如果是朋友做错了，你要说服他去向对方道歉，争取和平解决问题，而不是助纣为虐，为了哥们儿义气放弃是非观念。

第四，你要提高自己的法律意识，明白打架斗殴会受到怎样的处罚。

很多人打架斗殴都是因为法律观念淡薄，目无法纪，才一时冲动去打架斗殴，酿成无法挽回的悲剧。打架斗殴严重威胁人的生命与健康，轻则违反校规校纪，严重者构成犯罪，将被追究刑事责任。

《中华人民共和国刑法》第234条规定：故意非法损害他人身体的行为为故意伤害罪。"打架斗殴"是一种典型的故意伤害行为。根据法律规定："14周岁（包括14周岁）以上的人，要对故意伤害致人重伤或死亡的后果承担刑事责任。16周岁（包括16周岁）以上的人，要对故意伤害致人轻伤以上的行为承担刑事责任。"根据刑法第134条的规定：犯故意伤害致人轻伤的处3年以下有期徒刑、拘役或管制；致人重伤的，处3年以上10年以下有期徒刑；致人死亡，或以特别残忍手段致人重伤，造成严重残疾的，处十年以上有期徒刑、无期徒刑或死刑。此外，打架斗殴行为还可能构成"故意杀人罪"，故意杀人，是指故意非法剥夺他人生命的行为。我国刑法第232条规定：故意杀人的，处死刑、无期徒刑或者十年以上有期徒刑；情节较轻的，处3年以上10年以下有期徒刑。

所以，你要提高自己的法律意识，利用课余时间主动学一些法律常识，了解学校的规章制度，增强法纪意识，争取做遵纪守法的上进青年。比如，多学习一些宪法、刑法等，尤其是与青少年休戚相关的《中华人民共和国未成年人保护法》、《中华人民共和国预防未成年人犯罪法》、《中华人民共和国治安管理处罚条例》等，此外，还要帮助身边的朋友、同学一起来学法、懂法，用法律来作为规范自己言行的准则，让大家一起远离违法犯罪，远离违纪违规。

4. 让自己成为受朋友欢迎的人

故事导入：

    李虹是一名高二的住宿学生，在同宿舍的6个女孩中，李虹的学习成绩是最优秀的，因此常常受到老师的重点关照，不仅在课堂上格外地照顾她，生活中还经常对她嘘寒问暖。渐渐地，李虹就觉得自己和别人不一样，经常炫耀自己的成绩，再加上她从小就娇生惯养，小姐脾气很大，经常因为一些鸡毛蒜皮的小事与同学、朋友发生冲突。

    时间长了，李虹发现同学、室友对自己的态度渐渐变了，"刚住校的时候，大家对我很友好，有什么都和我一起分享。可是现在，她们围在一起叽叽喳喳地聊天时，只要看见我进来，就马上闭口不言，各自干手头的事情；以前我不打水室友总是热情地借给我用，而现在我错过了打开水的时间，向她们借点水用，她们都说还得用；以前我起床晚了，总会有人帮我买早餐，可现在每天每个人轮流给其他人买早点，却单单没有我的份儿；以前课间操、体育课大家都是一起去，但现在她们都结伴而行，只剩下我形单影只……"

同学的排斥让李虹心里很难受，她逐渐变得少言寡语，本来优秀的成绩也下降很多。

孩子心声：

我从小在爸妈的呵护下长大，是家里的"独苗"，父母对我疼爱有加，什么事都由着我的性子来，可是到了学校，却发现整个世界都变了，我不再是香饽饽。在学校，没有人会注意到我，也没有人会真正地关心我。在这样的环境下生活，真的特别孤独和无助，我真的想交几个真心朋友，大家有福同享有难同当，有问题一起解决。

可是我每到一个新的环境，就会感到不知所措，因为我不知道怎样和周围的人相处，不知道怎样去结交新的朋友。

而且我发现自己经常惹得周围的同学不高兴，有时候还会觉得大家都在有意躲着我，可我并没有做过什么对不起他们的事情啊！

家长回应：

我们现在想给你说的，是怎样维持友情的问题。

每个人都渴望拥有朋友，尤其是对于正处于青春期的你来说，更是如此。你们这代人，从小缺少兄弟姐妹的陪伴，而且不停地变换环境，从家庭到幼儿园、到陌生的小学，再到离家很远的中学，你一直处于离开熟悉的朋友、寻找新朋友的过程当中。在这个过程中，遇到困惑和难题是很正常的。毕竟你的社会经验不足、交际能力较弱，到一个陌生的环境很容易产生心理障碍，变得不合群。而且朋友并不是你想要就能得到的，家庭、学校、兴趣、爱好、容貌、举止等都可能成为制约你交朋友的不利因素。

到了一个新的环境，拥有朋友可以帮助你迅速适应新环境，使你更加合群，更加快乐地成长。每个人都希望自己在新环境中拥有好的人缘，能够友好地和周围的人相处，但是有时情况并不像我们所希望的那样。很多时候，我们会因为一些小事和身边的朋友、同学发生摩擦，给双方带来很多的烦恼，给生活和学习带来很多不便，这些都不是我们愿意发生的。

你想让自己成为受欢迎的人，却未必知道，到底什么样的人才受大家的欢迎，你对自己也缺乏客观准确的认识，当你的人际交往出现问题时，你未必能够妥善地处理。

其实，与朋友相处并没有我们所想象的那样难，问题的关键是你要真诚，有与朋友友好相处的愿望，能尽快地适应新的环境，学会积极地解决与朋友相处可能出现的矛盾。如果你是一个渴望得到友谊的孩子，那么在遇到这种情况时，一定不要把责任推给别人，更不要破罐破摔。当出现问题时，先检讨自己，看是不是你过于以自我为中心，不知道为别人着想。

你要记住：就算爸爸妈妈平时宠你爱你，但是你的朋友并没有这样的义务，每个人都是父母心目中的宝贝，他们没有必要忍受你的坏脾气，也没有耐心让你一次次地犯错。在和朋友相处的过程中，要学会宽容，学会倾听，学会接纳，学会尊重，学会分享，学会感恩；要尊重朋友的隐私，犯错误时勇于承认并弥补，不为自己的不当行为找借口，不过分讨好别人；珍惜自己和别人的时间，和朋友和睦相处，懂得如何处理你们之间的矛盾，渐渐地，你就会成为一个受朋友欢迎的人。

给孩子的建议：

根据一项对青少年的调查，50%的中学生把朋友当作自己生活中最重要的，59%的中学生表示自己最快乐的时候是与朋友在一起，这个调查反映出交朋友已经是满足青少年健康成长的需要。现在的孩子，大部分都是独生子女，没有兄弟姐妹，当他们与家长产生隔阂的时候，就非常渴望友谊，渴望同龄人之间的理解与交流，这就不可避免地在交友上有许多盲目性。所以，也有很多青少年在人际交往过程中经常出现阻碍、遇到问题，影响了正常的生活和学习。因此，你要正确对待交朋友这个问题，如果你真的想交到一些好朋友，成为受朋友欢迎的人，那就不要经常从对方身上找不足，最重要的是从自身做起，丰富自己，真心实意地帮助别人，用改变自己来获得别人的认可。

第一，你要积极主动地和朋友交往，不要总是想着让别人来照顾自己。很多同学交不到朋友，甚至被人孤立，可能就是因为自己没有积极主动地团结同学，在和朋友接触的过程中总是处于一种被动的状态，总是希望别的同学主动跟自己示好，主动邀请自己参加活动，在和朋友发生小摩擦时希望对方首先做出让步……这种消极的心态是不利于和朋友交往的，别人可以迁就你一时，却不可能永远迁就你。

其实在和朋友的交往中，主动一点并不是什么丢面子的事情，不仅可以形成和谐的朋友关系，还能锻炼自己的交际能力和处理问题的能力。

所以，你要主动和朋友交往，向别人大胆介绍自己，平时多和朋友一起游戏、聊天，说说心事，说说属于自己的小秘密；下课后，不要总是窝在教室里，要主动参加同学们的游戏；假期也不要忘记和朋友联系，可以通过QQ、手机与同学多联系，也可以邀请对方来家里做客；节假日可以给朋友送去一份祝福，增进彼此的感情；平时有好玩的、好吃的要和大家一起分享，不要搞独立。

第二，你要学会尊重你的朋友。在和同学、朋友的交往中，一定要注意尊重别人，这是做人最起码的要求。我们都知道这样的道理：如果你对着大山喊："我爱你"，大山也会回应你："我爱你"；如果你对大山喊："我恨你"，大山也会回应你："我恨你"。所以，你尊重别人的同时，别人也会回报你以尊重。

一个不受朋友欢迎的人，很大程度上是由于他不懂得尊重别人，不懂得真诚待人。所以，在和朋友相处的过程中，要学会欣赏，学会倾听，和对方平等相处，互相帮助。

第三，你要用真心去帮助你的同学和朋友。每个人都是需要关怀和帮助的，尤其是当人处于逆境和挫折中时，更渴望得到外界的支持与鼓励。真正的友谊不是锦上添花，而是雪中送炭，如果你能在朋友最困难的时候帮助他，那么他就能视你为最好的朋友，他也会在你需要帮助的时候向你伸出援助之手。

帮助朋友不一定是物质上的给予，简单的举手之劳或者一句温暖的话语和问候，就能感动别人，促进彼此之间的感情，并为自己营造一个宽松的人际环境。比如，你要积极参加班级或者宿舍的公共事务，做好值日，经常为集体服务，如果你只等着别人做好后享受，得到的只能是大家的排斥。

第四，你要学会感恩，不能把朋友的帮助和关心当作理所当然。在学校里生活和学习，身边总会有很多同学和朋友在默默地关心你，在你失意的时候鼓励你，在你困惑的时候提点你，在你脆弱的时候帮助你，在你受委屈的时候安慰你，在你生病的时候照顾你……"投之以桃，报之以李"，你在享受着友情的同时也要懂得感恩，懂得回报，时时处处想着别人，感激身边的朋友。只有这样，你们之间的友谊才会更加牢固。

第五，每个人的性格都有一定的差异性，产生摩擦和矛盾是人与人交往过程中不可避免的，你要主动寻找与朋友间的共鸣点，用个性互补来解决个性间的差异。

每个人都有自己的性格，但是无论你是外向还是内向，活泼还是文静，都必须做到友好待人，顾及别人的感受，不能任意地蛮横撒泼、蛮不讲理，降低自己的人格，损害彼此的友谊。比如，在宿舍大声嚷嚷影响别人的休息；不分轻重地关门；在自己得意时引吭高歌，忽视正在失意的朋友……这些都会给你的友谊之路造成障碍。

在和朋友的交往中如果能找到共鸣点，就能增进彼此之间的友谊。比如，可以在彼此的观点中寻求共同之处；可以做一些有益身心健康的活动，发展一些相同的兴趣爱好；当朋友取得好成绩或者在某方面取得成功时，要送上自己真心的祝福；当朋友有困难和不幸时，要努力为他想办法化解危机，不要事不关己高高挂起……只有和朋友求同存异，同甘共苦，才能维持自己的人脉。

第六，要正确看待朋友的长处和不足。金无足赤，人无完人。每个人都有自己的优点和不足，如果你只看到朋友的不足，忽视对方的长处，那么时间长了，朋友在你眼中就会变成眼中钉、肉中刺，那么你就会失去这个朋友；而如果你多看到朋友的长处，就会发现对方身上有很多值得你学习的地方，你就会庆幸自己有这么一个优秀的朋友。

海纳百川，有容乃大。你要多看到朋友的长处，少看朋友的短处，真诚赞美朋友的长处。当朋友取得进步时，不要吝啬自己的赞美和肯定；还要做到待人真诚，不在背后说朋友的坏话，不议论朋友的不足，这样才能使朋友之间的交往变得和谐而温馨。

第七，在和朋友相处的过程中要学会大度和宽容。每个人由于爱好、追求、性格不同，在彼此的沟通和交往中难免会出现磕磕碰碰，这时要让自己多一点理解和宽容。有的朋友也许是想好心帮你，但是因处理方式不当没有做好；也许有的朋友是因为心情不好才无意中说错话得罪了你；也许是因为你做错什么事，使朋友心有不快才对你发火……

总之，人非圣贤，孰能无过。如果你觉得朋友做错什么事情，首先要站在对方的立场多为对方想一想，学会理解对方，如果对方真的有什么错，也要宽容，不要斤斤计较，原谅别人的同时就等于给了对方一次反省和改过的机会。

第八，如果自己有意无意做出一些妨碍甚至伤害朋友的事情，要诚恳地向对方道歉，并承担自己的责任，弥补给朋友造成的损失。

有时，也许我们会无意中弄坏朋友心爱的东西；可能我们会误解别人的好意；也许我们会因为一时冲动说出一些伤害朋友的话；也许我们做的某件事会给朋友带来困扰……遇到这种情况，一定要拿出自己的诚意，真诚地向朋友道歉，弥补自己的过失，化解彼此的矛盾，争取得到朋友的谅解。这件事情如果处理得好，能促进你们心灵上的沟通，使你们更加了解彼此，联系更加紧密。一定不要把低头认错当成是丢面子的事，那样你就会因为自己的错误付出沉重的代价，就会失去身边的朋友。

第九，你要信守自己对朋友的承诺，履行自己的诺言。诚实乃道德的第一要义，违背诺言是一种有损名誉和不道德的行为。履行诺言，是一个正直的人必须要做到的。人生最宝贵的财富之一就是朋友对你的信任。一个言而无信的人，必将失信于人，不仅会失去朋友对自己最初的信任，还会使自己的声誉受到损害，使自己在与朋友的交往中蒙受巨大的损失。

可是，现实中，很多人往往不经过认真考虑就轻易地给别人作出承诺，随后就会后悔承诺，或者取消承诺，甚至干脆把承诺忘得一干二净，使自己遭遇友情危机。所以，你在给朋友承诺之前要考虑清楚，一旦作出承诺就要信守诺言，假如你不能信守承诺，请不要轻易许下诺言。

第十，要从自身做起，提高自己的修养和能力，做一个品学兼优的孩子，用自己的优秀赢得朋友的尊重和赏识。

俗话说："打铁先要自身硬。"每个家长都希望自己的孩子和优秀的同学做朋友，如果自身品行不端正、无事生非，就很难交到好的朋友。所以，你要注意个人形象，提升自己的价值观，抵制那些不正之风，用自己的优点去吸引别人，使自己获得更好的人缘。

5. 早恋，是一枚包着糖衣的苦果

故事导入：

莹莹是一名16岁的花季少女，是家里的独生女，一直很听话，学习一直名列前茅，刚刚考入一所不错的重点高中。

由于进入新环境，而且这个学校都是各地的尖子生，竞争十分激烈，她不再是以前班里那个永远的第一。莹莹一时无法适应，心情变得非常苦闷。可是爸爸妈妈还是不断地给她施加压力，让她好好学习，争取考上重点大学，每天说得最多的话就是："现在学习成绩怎么样？"她感到那个曾经温暖、让她感觉踏实的家，已经不再值得依靠，而自己只是学习的机器，只是爸爸妈妈炫耀的筹码，她开始觉得爸爸妈妈无法理解自己，也不愿意和他们交流了。

就在莹莹觉得自己身边变得空荡荡时，一个同校高二的大哥哥出现了。他耐心地听莹莹诉说心中的不快，与她交流刚进入一个新环境时的感觉，有时也会帮助莹莹解决学习上的问题。渐渐地，莹莹觉得身边有了依靠，她的心事有了倾诉的地方。于是，她越来越不愿意回家，开始留恋学校。当她升上高二的时候，男孩终于向她表白，莹莹没有拒绝男孩，两人自然而然地走到了一起。

莹莹的父母很快知道了两人的事情，不依不饶地大骂莹莹，说莹莹每天不把心思放在学习上却搞这些，怪不得成绩这么差，甚至还说出"不知羞耻"之类的话来，莹莹的爸爸甚至还找到男孩，警告他不许再接近莹莹。

父母粗暴的干涉更加剧了莹莹的逆反心理，在巨大的压力下她离家出走，更加不注重学习，把心思都放在那个男孩身上。尤其是当高三住校之后，两人变得更加无所顾忌。有一次两人到学校附近的酒店开房，终于忍不住偷尝了禁果。

就在莹莹准备高考的时候，却吃惊地发现自己怀孕了，而且她不敢告诉自己的父母，只能瞒着家长去做人流，没想到在手术过程中出现了意外，虽然最后保住了性命，却导致终生不能再孕。

孩子心声：

我们正处在中学时期，学习压力非常大，但是爸爸妈妈从来不理解我们，对我们抱有过高的期望，每天就知道问学习成绩好不好，从来不问问我们学习累不累，心情好不好，压力大不大。听到我们成绩好就称赞不停，听到我们成绩有一点下降，就会大发雷霆，丝毫不考虑我们的感受。

我们本来就处在情窦初开的年纪，再加上周围人的不理解，在这样的环境下，就更容易被身边的异性所吸引，我们也想像电视剧中演的那样，开展一场属于自己的恋爱，即使不能轰轰烈烈，但是也会很快乐。我们只是想在这个冷漠的世界上，找到一份理解和温暖，在自己伤心难过的时候，可以找到说话的人；在自己遇到困难的时候，找到帮自己排忧解难的人；在自己失败的时候，可以有人给打气；在自己跌倒的时候，可以有人扶起；当自己胜利的时候，可以有人帮着庆祝；当自己失去理性的时候，可以有人给指明方向；当自己不开心的时候，会有个人想方设法地逗你开心；当自己害怕时，可以有人给自己吃定心丸；当自己坚持不下去时，可以有人当你最坚强的后盾；当有些事不能对同性朋友讲也不好对父母说出口时，可以有个倾诉的人；当自己失落的时候，可以有个肩膀让去依靠；当情人节来临的时候，可以有个人为自己精心准备礼物……

至于早恋会影响学习，这一点也是因人而异，我相信，只要两个人志同道合，就会产生一种合力，不仅不会影响学习，还会使我们在对方的帮助下排遣压力，互相帮助，互相促进，互相激励，共同进步。

谈恋爱还能使我们提前吸取社会经验，提前面对生活的考验，提前体验生活的酸甜苦辣，提前体会到什么叫真爱，让我们更加迅速地成长。即便将来我们不能在一起，也能留下一份美好的回忆。所以，我觉得早恋其实没有什么，只要我们自己能够控制就好了。

爸爸妈妈和老师一直在强调早恋会给我们造成严重的危害，但是我觉得这都是危言耸听，毕竟因为早恋就失去生命、走向犯罪的只是少数，这种情况只是意外，更何况，也不一定只是早恋造成的，肯定还有其他的原因。

　　所以，我希望爸爸妈妈不要一棍子打死我们的感情，要用真诚的心看待我们的爱情，不要把它复杂化，毕竟我们也需要情感的滋润，也需要有个人来关心、帮助自己。

家长回应：

　　首先，爸爸妈妈可以理解你，毕竟青春期是性心理发生变化的时期，在这个过程中，对异性产生爱慕感并渴望互相接近和亲密是一种本能。你关注某一个异性，和异性之间突破束缚，互相写情书、递纸条、赠小礼物、一起看电影、逛公园、旅游等，都是很正常的现象。

　　但同时你也不能否认，早恋会令自己过于关注着装打扮，使自己在异性面前表现失常，同时使自己上课听讲注意力不集中，心事重重，影响正常的生活和学习。而且青春期的你们容易感情冲动，考虑问题极为简单，很少顾及后果，一旦闯入禁区，就会给自己带来无法弥补的伤害，尤其是对于女孩子来说，代价更是你无法承受的。很多的孩子在早恋中发生性行为，大多由于性无知、性好奇而引起，这一点家长负有很大的责任，所以，爸爸妈妈要做你的第一道防线，不会让你轻易伤害自己。因为早恋是一种充满变化、极不稳定的恋爱关系，一般不会持续很长时间，而性爱是非常珍贵的，一定不要轻许，你要明白性行为可能会产生的后果，学会用成熟和理智的方式去控制自己。

　　中学生的早恋不光是风和日丽的春天，也有寒风刺骨的冬天，这个时期的你还不能为自己负责，怎么有资格负责别人的人生？你根本承受不了这种"超负荷"运载，等到你对爱情的真实含义有深刻理解并具有了爱的能力，并且有能力兑现爱情带来的义务和责任时，爸爸妈妈一定会全力支持你。

给孩子的建议：

早恋是指青春期或青春期之前的未成年男女过早恋爱的行为，一般发生于中学时代。由于这个年龄的孩子正处在感情的朦胧阶段，涉世不深，而且缺乏必要的思考能力，更多的是跟着感觉走。当他们感觉到某个异性有突出表现或者某些特长，比如学习好、长相好、唱歌好等，就会产生倾慕之情，如果把握不住自己，便会走进情感误区，产生早恋。

如今的社会，早恋已不是个别现象，并呈不断上升趋势，很多的中学生都结交了异性朋友，处在恋爱或者暗恋状态，而且很多的学生也面临着异性交往、早恋及青春期"性问题"的困扰。

有位作家说过，早恋是一朵带刺的玫瑰，我们常常被它的芬芳所吸引，然而，一旦情不自禁地触摸，又常常被无情地刺伤。青少年的早恋对恋爱双方都会造成很大的危害，其危害性主要表现在以下几个方面：

第一，早恋会使你分散精力，影响学业，磨灭理想。

近些年来，校园早恋趋势不断扩大，早恋与学习的矛盾是不容忽视的，早恋已经成为干扰学生学习的主要因素。身边很多的事例告诉我们，沉迷于早恋的同学在享受感情快乐的同时，也会使自己的学习被感情所牵制。

很多本来很优秀的学生，就是因为过分痴迷于早恋，再也无法全身心地投入到学习中，课上不能专心听讲，课下不能集中精力完成作业，导致成绩下降，学业荒废。沿着"感情直线上升，成绩直线下降"的轨迹运动。

然而，有些向往或陷入早恋的学生却认为学习成绩和早恋并没有直接的关系，只要两个人志同道合，不仅不会影响学习，而且"男女搭配"还会促进学习。这种看法是幼稚、糊涂、错误的。学习犹如逆水行舟，不进则退，中学阶段的课程多、任务多，即便你每天好好学习，也不一定能取得优异的成绩，更何况，青少年的自我控制能力本来就差，倘若再谈情说爱，心猿意马，怎么可能提高成绩？

相信每个孩子都有远大的理想、伟大的抱负，都渴望通过好好学习找到一条适合自己发展的康庄大道，成为社会的栋梁之才。中学阶段的你们，青春洋溢、精力旺盛、思想活跃、记忆力好，是学习科学文化知识、提高各种能力的最佳时期，也是实现为自己的理想打基础的黄金阶段。所以，每个青少年都应该明白自己的责任所在，克制自己那朦胧青涩的感情，全力以赴地去学习，为将来做好打算，让自己有资本和能力去维持自己的感情，并为自己的感情负责。如果在这个时期被恋爱问题困扰，就会分散学习精力，浪费大好时光，等于置自己与对方的前途于不顾。

第二，早恋如果处理不当会给你造成严重的心理伤害。

由于中学生的生理和心理正在发展之中，还没有真正成熟，如果陷入早恋的误区，会有一个极其复杂的心理过程，产生很多心理负担，有很多百思不解的苦闷。

首先，早恋的双方为了免受学校、家长和其他人的责备和议论，可能会躲躲藏藏，远离人群，避人耳目，找一些偏僻的地方卿卿我我，长此下去，就会脱离集体，和同学逐步形成隔阂，把自己推到孤立的位置上去，从而影响与同学、家人的关系。

其次，由于中学生涉世不深、阅历不足，没有生活经验，在处理感情时容易一时冲动，等到草率确立恋爱关系后，会发现理想与现实之间的差距很大。尤其是随着心智的不断成熟，会觉得对方并不适合自己，这时会使自己产生失望的情绪，使自己的思想上产生很多负担，还会影响心理的正常发展，甚至会使本来活泼、天真的性格变得孤僻、冷漠、消沉，从而影响精神生活的健康发展。

最后，早恋的中学生抑制不住对对方的思念，往往沉迷于幻想，在精神世界中寻求慰藉，得到满足，甚至有的中学生抑制不住冲动而步入禁区，与异性朋友发生性关系。这对中学生心理健康的影响是很大的，有的学生跨越雷池之后，会失去对生活的乐趣；也有的学生会让这些不健康的思想蒙蔽自己，使自己的道德感、人生价值观和世界观变得扭曲。

第三，早恋还会威胁到你的身体健康。

早恋的学生承受着巨大的舆论压力，怕学校处分，怕家长批评，怕遭遇同学们的"白眼"，这使得心理承受力本来就差的青少年无法保持正常稳定的情绪，产生各种影响身体健康的不良情绪，导致烦躁不安、神经衰弱，出现一系列身体不适，久而久之，可能会出现消化道病症、低血糖等症状。

另外，由于青少年容易冲动，自我控制力差，容易做出一些过激的行为，比如用暴力手段解决感情纠纷，为了一个女孩子大打出手，对双方的身体健康构成威胁；又比如容易发生性行为，尤其对女孩子而言会严重影响身体健康。

第四，早恋容易使中学生产生越轨行为，为自己埋下苦果。

由于中学生思想尚未成熟，易冲动，情感不稳定，好奇心强，自制力差，而且由于性知识的缺乏，再加上彼此天天单独在一起，成双成对，受到影视剧中男女亲吻、搂抱等动作的影响，往往会失去理智，不考虑后果而发生性行为，做出越轨的事情。这对恋爱双方都不利，特别是对女同学所造成的身心创伤是终生无法弥补的。更严重的是，当男生使女生怀孕后，会使双方陷入到一种极端的恐惧和痛苦之中，不敢让家长、老师、同学知道，于是去求助一些不正规的医疗机构，采取一些"地下"渠道来解决，手术后又得不到休息，从而给身体造成严重伤害，如造成子宫疾病和感染，导致盆腔炎、继发性不孕症、病理性妊娠，甚至宫外孕大出血，有可能影响今后的怀孕与生育；少数人因非法人流、私自堕胎等造成终身后遗症，产生严重的心理创伤；还有的女孩自行买药打胎导致死于非命；抑或有的女孩被一些江湖骗子所骗，导致再次失身；更有的人觉得自己无地自容，酿成出走、自杀等悲剧。

第五，早恋如果处理不当还有可能导致犯罪。

中学生早恋，也会给社会带来不安定因素，打架斗殴、盗窃等很多不良的社会现象，有很大一部分是与学生的早恋有关的。

一方面，青少年年轻气盛，容易敏感，不肯轻易吃亏，特别是男孩子在女朋友面前，更不愿意丢脸，他们往往会因为别人对女朋友说了一句不礼貌的话，或者做出一些让自己"吃醋"的行为而恼羞成怒，对一些人大打出手，甚至聚众斗殴，以显示自己的本事，以致违法犯罪。

另一方面，中学生恋爱还需要有一定的物质基础，需要用金钱来维持自己的感情，但处于这个阶段的学生还不能自立，没有经济基础，自己的花销完全依赖父母。当父母不支持或者所提供的零花钱不能满足其谈恋爱的需要时，就容易误入歧途，诱发偷和抢的念头，最后走向犯罪道路。

由此可见，早恋酿成的苦果是你无法承受的，越雷池一步必定要付出惨重的代价，成为早恋的牺牲品！年轻的中学生朋友们，一定要珍惜青春年华，面对感情时一定要理智和冷静，切忌被不成熟的感情冲昏了头脑，过早地涉入早恋的误区。

6. 情窦初开没有错，但你要懂得控制自己

故事导入：

　　京京是一个16岁的男孩，各方面条件都不错，喜欢上了邻班的一个女孩，而且他们之间的相恋很认真。爸爸知道后，与京京进行了一次属于两个男人之间的坦诚对话。

　　爸爸：你为什么会喜欢她？

　　京京：我觉得她长得特漂亮，而且特有爱心，我就是因为看见她帮助一只流浪的小猫才喜欢上她的。

　　爸爸：你是不是觉得她是最优秀的女孩子？

　　京京：嗯，我觉得在我认识的女孩里她最可爱最漂亮。

　　爸爸：爸爸相信你的眼光。但是，你才上高一，你接触到的女孩有多少呢？

京京：我接触过很多女同学，但是我的心里只有她。

爸爸：你还要上大学，还要继续深造，等到将来还要工作，会遇到形形色色的人，你能保证将来不会遇到更好的女孩子了？你知道爸爸最反感的就是见异思迁，如果你将来遇到更好的女孩子，变心了怎么办？你是要抛弃这个女孩还是委屈自己？你能保证自己不会后悔吗？

京京：将来的事情我不知道。但是，如果这时候让我离开她，我会很痛苦。

爸爸：你初中时爸爸送你的MP3呢？

京京：MP3已经不流行了，当我考上高中的时候，您送给我一个最新的MP5，我觉得这个更高级，音质也好，像素也好，就把那个送给表弟了。

爸爸：你用来听歌的东西都要换好几次，那么女朋友呢？等到你们都升入大学，或者进入社会之后，还会把彼此当作最好的那个人吗？这就叫作一山更比一山高，你如果能用自己的理智控制自己的感情，把握好每一个属于自己的机会，那么你所面对的世界就会更加五彩缤纷，你的未来就会更加灿烂辉煌，你就会做出比现在更适合自己的选择。如果你和这个女孩子真的有缘，那么你努力去奋斗，总会有开花结果的那一天。但是如果你不管不顾，盲目坚持的话很可能导致"早开的花早凋谢"。孩子，你要知道，人生中有些事，如果后悔了就会遗憾终生。

京京：爸爸，我懂了。

从此以后，京京把对女孩的特殊感情像一颗种子般深埋在心里，努力使自己成长得更快更高。因为他明白：即使爱的种子已经发芽，但是要长成参天大树还需要阳光和雨露。这阳光和雨露就是自己的付出和努力，只有让自己更加充实，更加有担当，才能使爱的种子成长起来，并结出甜美的果实。而在收获之前，他要做的不是揠苗助长，而是做一个默默的耕耘者，等待鲜花的盛开和果实的成熟。

每个情窦初开的孩子无可避免地都要遭遇感情问题，但未必每一个孩子都能正确地处理这种问题，京京是幸运的，他得到了爸爸的启发和教育，最终心服口服，并克服了自己的这种心理误区。

孩子心声：

其实一开始我根本没有想过要谈恋爱，可是身边的好多同学、朋友都有自己的男（女）朋友，面对自己喜欢的异性的表白，我也就情不自禁地答应了。

自从我们确立关系之后，只要不见面，他（她）的身影就会在我脑海中总也挥不去，有时写作业时我会不知不觉地想起他（她），已严重影响了我的学习，成绩急剧下降。我也希望自己能够专心学习，于是就忍痛和对方分手，但是分开后总是莫名的烦躁，内心很不安全，很希望有一个人能陪自己说说话，所以不久我们又在一起了。就这样反反复复多次最后总是分不了，每次我和他（她）说分手的时候，内心都会产生一种负疚感，欲罢不能。

家长回应：

青春期的少男少女谈恋爱，都是在身心不很成熟的情况下进行的，大多是由于感情的冲动或是出于对异性的神秘感和好奇心而引起的，这种爱没有什么牢固的根基，是很容易中途夭折的。每个陷入恋爱中的人都会信誓旦旦，甚至山盟海誓，但随着时间的流逝，当你们由中学进入大学，走向社会，知识、阅历、经验都不断丰富的时候，你们才会真正成熟，那时就会有新的择偶标准。学生时代倾心的人，极有可能因为性格的变化和志趣爱好的不同而难以结合。那时候，你心中神圣的爱情就会被亵渎，它就会变成一种伤害。就像我们喜欢一朵好看的花朵，不一定要把它摘下来据为己有，这样不会使自己拥有，只会让它过早地凋零。爱情也像花儿一样，它是美丽的、圣洁的，但是只有到了一定年龄，你才能得到它，拥有它，才能使之永远盛开。

如果你真正地喜欢一个人，就应该为对方着想，不能因为早恋而影响对方的学习和发展，更应当在各方面完善自己，努力使自己将来成就一番事业，可以有资本给对方幸福。

孩子，你要知道，你正在一列高速行驶的列车里，前面的风景还很美，不要为了眼前的一点诱惑耽误了自己的行程。生活里有很多比爱情重要的东西等着你去做，你必须为自己的人生负责。

给孩子的建议：

青春期早恋反映了中学时期中学生性爱渴求和知识渴求的矛盾冲突。在攫取知识的黄金时段，你不应该过早地放纵自己，而应该正确处理好自身的早恋问题，全身心地投入到学习中去，为自己的将来打好基础。

第一，你要客观正确地认识早恋现象，正确认识自己对异性的感情，正确处理早恋和男女生正常交往的关系。

早恋曾经是老师、家长们眼中的"误区"，是青少年心中的雷池，是一个校园里避而不谈的话题。但是，早恋不是洪水猛兽，而是青少年身心发展过程中出现的一种正常现象。我们应当承认每个人都是有感情的，青春期的感情萌动是成长发育的必然，"异性相吸"是自然界普遍存在的规律，人当然也不例外。每一个步入青春期的少男少女，随着生理的逐步成熟都会开始关注异性同学，并希望了解他们，与他们交往，这种感情是纯洁的、健康的，并不是像有些家长和老师所认为的那样，是一件丢人和见不得人的事。青少年对异性的喜欢与道德品质无多大关系，绝大多数的青少年都"早恋"或"单恋"过一个自己很喜欢的异性。

所以，不要过分地敏感，这种感情并不是不可理解的，也不是低级下流可耻的，不要因为自己对异性有好感就产生负罪感，这对自己的健康成长是极为不利的。关键是你如何正确处理早恋和男女生正常交往的关系，不要以为异性对你好一点就是爱上了你，也不要动不动就向人家表达爱。青春期的感情萌动虽然是正常的，但是也很不成熟。人具有主观能动性，我们要在正确认识这种感情的前提下，学会控制自己的感情，不要让这种纯洁的感情泛滥甚至变质。这就要求我们提高自己的自制力和道德观念，考虑爱情中的责任和义务，不把谈恋爱当儿戏。

第二，你要克服不良倾向，端正思想态度，用理智来战胜不成熟的感情。

谈恋爱本身并没有什么错，只不过不应当在这个时期谈恋爱，这个时期谈恋爱对青少年朋友的身心健康成长不利，不仅干扰学习、影响健康，还会产生一系列心理问题和精神问题。所以，我们要把眼光看得远一点，通过各种方式自觉地加强理想、信念和价值观的培养，确立远大的理想、强烈的责任心，全身心地为实现自己的理想和爱情而努力，相信只要自己精力的集中程度高，意志力坚定，就能抗拒早恋的干扰。

第三，你要自觉地约束自己，减少不良的性刺激或性诱惑。

青少年早恋，固然离不开青春期的生理发育，但是大众传播媒介，如报纸、杂志、戏剧、小说、电影、电视乃至服装、广告等对男女性爱的不适当渲染或暴露，也是诱发青少年早恋的原因。

因此，青少年朋友要多看一些有益于中学生身心健康发展的电视节目或读物，多看一些名人传记，培养自己的意志力，树立远大的奋斗目标。多做一些健康、激人奋进的文娱、体育、艺术活动，自觉抵制不良书报杂志、黄色的音像制品，使自己免受污染和毒害。

第四，要正确看待性知识的教育，不要刻意回避。

现在的孩子比较早熟，生理发育要比以前的孩子快一些，十一二岁的学生就已经是大孩子了，对于性知识，充满了好奇和困惑。但是我国的性教育普遍开展得晚，一般都从初中开始，而且性教育的透明度大打折扣。很多青少年在老师讲到性知识时不认真听讲，或者是故意起哄，导致性知识的匮乏；也有的教师因"羞涩"或因"含蓄"，羞于向学生们解释性知识；家长往往对孩子的"性好奇"

顾左右而言他，不知正确引导，让孩子的困惑始终得不到应有的解释。

在性教育没有及早、普遍开展的情况下，各种描写、展示性行为的小说、录像、电视、电影、广告等文化娱乐形式到处泛滥，使生长在信息爆炸年代的你们，无论是看电视还是上网都会接触到性方面的内容。青少年性生理发育日趋早熟及不健康的大众传播媒介的影响，以及枯燥单调的校园生活，加之缺乏必要的性教育，导致青少年对于性和感情缺乏理性、全面的认识。出于对感情、性、人的身体的好奇，容易使其在成长路上不断沉沦，开始出现叛逆、早恋，甚至偷尝"禁果"的现象。

中学生的课程中已经有了生理卫生知识，我们要正确看待这种教育，不要觉得难为情，也不要把其视为洪水猛兽，要主动学习性知识，接受普及性知识的教育。

第五，青少年要想免受早恋的烦恼，就要早设警戒防线，正确处理和异性之间的关系，既不能绑住手脚，遮蔽双眼，拒绝与异性同学接触，也不能过于亲近，任由感情滋生。

首先，和异性同学交往宜泛不宜专。俗话说得好：男女搭配，干活不累。青少年和异性广泛交往，有利于振奋精神，对学习劲头的提高也有帮助。但是异性同学之间如果长期专一交往，话题就会越谈越深，关系就会由一般到特殊，这样一来，本来很正常的同学关系就会变质，造成早恋，而广泛的异性交往能使自己接触到各种性格、特征的异性同学，不仅能避免陷入早恋的误区，还能使自己获益匪浅。

其次，和异性同学交往宜短不宜长。青少年中两个异性同学的交往时间不宜过长，因为如果你和一个异性朋友整天黏在一块，甚至同学几年都形影不离，那么一旦分开就会不适应，长期下去，难免就会从相聚到相恋。而如果在和异性同学的交往中适当地限制一下时间，就可以避免陷入"一日不见如隔三秋"的感情误区。

最后，和异性同学交往宜疏不宜密。异性同学间的交往是正常现象，但一定不能让自己陷进去。毕竟男女之间有性别的差别，你又处在生理、心理发育急剧变化的时期，过于频繁的异性交往会唤起人的激情和冲动，越出友谊的界限，使人作出越轨行为。所以，和异性同学的交往频率要低一些，这样才有利于自己的健康成长。

第六，当你接到了异性的"情书"或者其他方式的告白之后，一定要妥善处理。

首先，要正确对待这种现象，别人对你的爱慕是对你的肯定，不管你对对方有没有这种心思，都要注意保护对方的自尊心，懂得尊重别人，珍惜彼此的友谊。不要轻易嘲讽、训斥、谩骂对方，让对方难堪，也不要随意向老师、家长报告，使对方遭到批评，更不要在公共场合向同学公开，使对方由爱生恨。这是不理智、不文明、缺乏修养的表现。适当的办法是进行冷处理，装作若无其事的样子，与对方正常交往，既不要过于疏远和逃避，也不要过于热情、亲近，只有正常的交往才会让对方了解你的心思，也不至于伤害别人。

其次，要明确表示这种感情暂时不可接受。处于青春期的你们，世界观、人生观尚未定型，可变性很大，前途未卜，很多的感情都是一时冲动，"天长地久"的概率很小，而且不具备恋爱的经济基础和时间基础。所以，无论从哪个方面来看，都不宜贸然接受对方的爱恋，一定要立场坚定地拒绝对方，不给其留有幻想。

最后，如果对方不懂得适可而止，不了解你的心思，一意孤行地追求你，甚至采取死缠烂打的办法，苦苦纠缠。这种情况下，可以诚恳地和对方进行谈话，也可以采取书面形式，向对方阐述理由，让他明白早恋的弊端，劝说其好自为之。总之，要选好场合、注意方式，让对方明白你的立场和选择，让他懂得你并不是看不起他，而是为了双方都好，这样既能让其感到自己被尊重，也能避免双方消耗精力、浪费时间。

如果对方仍死皮赖脸，纠缠不休，可以通过双方都比较信任的第三者做工作，再次明确自己的态度，让其打消这个念头，以免造成不可挽回的局面，连朋友都做不成。

如果对方采取一些极端的方式来威胁你和他谈恋爱，这时一定要引起重视，在必要时一定要请求老师、家长、朋友的帮助，帮助双方摆脱这一困境，也可以给对方以教育。

如果对方有非礼的要求，一定要严肃地断然拒绝，并在必要的时候采取法律手段保护自己的合法权益。

第七，当你对异性萌生爱意时，可采取如下方法克制自己的感情：

可以转移自己的注意力，把精力转移到学习上去，用探求知识的乐趣来取代不成熟的感情；也可以通过参加有意义的集体活动，分散对某个异性的注意力，减轻自己的烦恼，同时也能使自己冷静下来，淡化对对方的思念；也可以采取冷处理法，逐步疏远彼此的关系，使彼此保留纯洁、珍贵的友谊。

第三章

孩子，爸妈能尽力保护你，但不能保护你一生

孩子，你是快乐的，我们就是幸福的；你是健康的，我们就是欣慰的；你是安全的，我们就是放心的。当你来到这个世界，我们的生活就充满了温馨和快乐，你是我们生命的全部，我们最大的希望就是你能生活在安全、幸福的世界里，平安快乐地长大。可是身边无数的事实都证明：你在成长的过程中，危险无时不在，意外无处不有。大到地震、火灾、交通事故、意外状况；小到一根鱼刺、一场疾病、一个陌生人的电话……都有可能给你的身体和心理带来伤害。

汶川地震余悸犹在，甲型H1N1流感肆虐，这些都在不断地提醒爸爸妈妈要保证你的安全。虽然灾难不是时时刻刻都发生的，但不代表永远不会发生，你总是要独立地生活和学习，不可能永远生活在爸爸妈妈的羽翼之下。

所以，孩子，当爸爸妈妈不在你身边时，一定要牢牢记住：平安成长是你生命中最重要的事情，生命第一，财产第二，你要懂得一些生活中的安全常识，学会预防危险；在遇到危险时也要懂得一些防身的办法和逃生的手段；在灾害面前不要慌张，要知道如何自护、自救，并能运用所掌握的自救技能，采取应急的安全措施，将危害降至最低，保护自己的安全。

总之，无论在什么情况下，你都要学会保护自己，让爸爸妈妈放心。

1. 家不会永远是你"安全"的港湾

故事导入:

　　某市的一名小学生因为生病独自在家休息,突然一陌生男子敲门,说是其父亲的朋友,从外地出差过来,正好来看望一下老朋友。这个孩子什么也没想,就让他进屋了。这个陌生男子进屋后一反刚才的神态,略显不安,并且四处窥探,像是在找什么东西,但这个孩子依然毫无戒备,继续坐在沙发上看着电视。当这个陌生男子确认家中无大人后,马上面露狰狞,上前将该学生劫持,并抢劫财物而逃。虽然这个案件最终被破,但是对于那个学生和他的家庭而言,却造成了永久的伤害和阴影。

孩子心声:

　　家庭应该是每个人最安全的生活场所,而且我都已经上学了，应该可以自我保护了吧？可为什么爸爸妈妈还是不放心呢？难道真把我当成什么也干不了的"少爷"和"小姐"了？其实，我的自主性还是很强的，一个人在家待着，看看电视，吃点东西，看会书，休息会……这应该没什么危险的吧？可爸爸妈妈总给我讲一些"骇人听闻"的案例，比如谁家被抢劫了，谁家孩子触电而亡，谁家着火之类的，可是这种事都是一些个例，都只是电视、报纸上的报道，在我们身边很少见到，我想根本不会有那么大的发生概率吧。

家长回应：

爸爸妈妈绝对不是危言耸听，也许在你们的心目中，家是最安全最温暖的地方，是每个人身心的港湾。但是，出乎意料的是，家庭恰恰是孩子发生意外最多的场所之一，而家中最大的安全隐患就是我们自身对安全的无知和大意。所以，孩子，不要沉浸在"家是安全的港湾"之中了，仔细想想，家中确实存在着很多危险，除了火灾、触电等事故风险外，还会发生跌倒、跌落、碰伤、挤压伤、扭伤、烧烫伤等意外伤害，很多事故就发生在家长的眼皮底下，更别说当你一个人在家的时候了，尤其是一些入室抢劫的情况，更是防不胜防。

你可以看一下下面的几组数据：美国儿童事故防治中心的统计数据显示，每年有近1亿的儿童在家庭事故中受害，其中一半以上是4岁以下的幼儿；据统计，在法国，每4个死亡的孩子中，就要有1个是因家庭事故而死，家庭事故的起因往往是不谨慎、不小心；家庭意外伤害已成为中国1~14岁儿童死亡的第一原因，中国每年至少有约1000万儿童受到各种形式的意外伤害，约占中国儿童总数的10%。所以，爸爸妈妈会采取一定的事故防范措施，让你尽可能远离伤害，你也要了解自己在各种活动中可能面临的危险，增强自我保护能力。

给孩子的建议：

对很多孩子来说，家庭意味着家长无微不至的关心和呵护，是最能感到轻松和幸福的地方。但是你也应该认识到：家并不是完全安全的，在自己的家中也存在着各种各样的危险，而且现在随着科学技术的发展，生活水平的提高，我们的生活方式也发生了很多变化，实现了家务的电器化、能源的燃气化……科技进步在为我们的生活带来方便的同时，也带来了越来越多的危险因素，比如触电、火灾、坏人上门等。所以，我们一定要提高自己的防范意识，掌握一些居家避险的常识，这样才能让家变成一个真正舒适安全的"避风港"。

第一，"电"是可见不可碰的。

河北省保定市的一个家庭曾经发生过一个悲剧：14岁的小明自己在家玩耍，突然发现电视看不了了，原来是插座松了，于是他想把插头插紧一些，可是因为好奇，他竟然把手伸进了电源插座，当场触电昏迷。虽然被发现后马上送往医院，还是没有挽救这个小小的生命……

这样的悲剧在我们身边都发生过，如果小明能对"电"的危险有足够的认识与预防，那么也不至于因此而葬送自己年少的生命。

电是人类的好帮手，可以为我们带来光明和温暖，但同时，电也有很大的危险，当人体直接接触电流时，就会发生触电，会让人感到全身发麻，肌肉抽动，严重时还会造成呼吸、心跳的停止，导致死亡。所以，你一定要认识到电的危险，不要让无知害了自己。

① 在平时要多了解一些有关电器的知识，并认识所有家电用品的开关，了解它们的使用方法。

② 当手上有水或者潮湿的时候，不要摸电器，这是很危险的。另外，不要把电器带入浴室内，因为浴室内很潮湿，也很危险。

③ 不能用手指或小刀、钢笔等导电的物品触、插、捅墙壁上的插座，那样很容易触电。

④ 无论什么电器，如果有冒烟、冒火花现象或有焦煳气味时，一定要先切断电源。

⑤ 在使用搅拌机和水果榨汁机时，不要随便把手伸进机器里。

⑥ 电灯泡下边不要放毛围巾、化纤织物等易燃物品，避免烤燃引起火灾。

⑦ 千万不能在电线上晾衣服。

第二，微波炉是孩子在家中很常用的家用电器。

很多孩子周末一个人在家，自己不做饭，要么出去吃，要么就用微波炉把妈妈做好的饭菜热热吃。不要以为你掌握了微波炉的使用方式就没有危险了，很多细节问题如果不引起注意，同样会有很大的安全隐患。

①　微波炉要放在平稳、干燥、通风的地方，炉子背部、顶部和两侧均应留出10厘米以上的空隙，以保持良好的通风环境。另外，自己不要任意搬动微波炉。

②　在使用微波炉的时候，要注意炉内不能放有金属或带有金属配件的容器，也不能使用木制器具，而应使用耐热玻璃、耐热陶瓷等专用器皿。

③　袋装或瓶装的食物买回来之后不要直接放进微波炉内，一定要开启之后放入容器内再放进炉内。

④　很多食物是不能直接放入炉内的，比如鸡蛋，必须打碎并搅拌均匀后再放进去，否则有可能引起爆炸事故。此外，核桃、花生、玉米、栗子等有壳、皮的食品，也不能直接放进炉内，要先去皮之后再放入。

⑤　如果你想加热牛奶，一定不能使用微波炉，因为牛奶中的氨基酸经微波炉加热后，部分会转变为对人体有害的物质，会对你的健康造成影响。

⑥　使用微波炉时，一定要将炉门紧关，当微波炉运转时，要尽量远离，避免微波泄漏。另外，也可以让家长购买"微波炉安全护帘"，以有效减少辐射。

⑦　加热好的食物不要直接用手取出，要戴上手套，以免烫伤。

⑧　在加热的过程中，如果炉内起火，不能打开炉门，这样容易扩大火势，正确的做法是要马上切断电源，在火势熄灭后再打开炉门。

⑨　平时在家的时候，要多观察家长是如何使用微波炉的，并在他们的监督下试用，一定要确认自己的使用方法正确之后再使用。不要觉得自己不用学就会用，自己拿

不准的时候一定要看说明书，并按照说明书的规定正确操作，以免造成微波炉的微波泄漏扩大。

第三，寒冷的冬天，电热毯也是我们经常用到的东西，那么使用电热毯时应注意哪些安全问题呢？

① 有严重折痕的电热毯容易起火燃烧，所以，在使用电热毯时一定要检查电热毯是否有起褶现象，如果有，应将电热毯展平后再使用，在保管的过程中也要注意折缝的位置不能重压。

② 电热毯上的覆盖物不要太厚。当你离开或者不用时，注意不要将被子盖在电热毯上，这样很容易因通风不畅造成起火。

③ 电热毯也需要适时休息，你在使用时要注意经常切断电源，避免由于使用时间过长而发生危险。

④ 当遇到突然停电的情况，一定要切断电源开关，不要怕麻烦，以免造成危险。

第四，相信很多上中学的孩子有一定的生活自理能力，会经常使用洗衣机洗衣服，这时也要注意安全。

① 在使用洗衣机之前，要先检查洗衣机是否安全接地，以免发生触电事故。

② 如果你的衣服上被易燃溶剂浸渍，比如汽油、有机溶剂等，不要投入洗衣桶或脱水桶。

③ 在使用洗衣机时，注意不要在洗衣机周围放置或使用可燃性化学溶剂，如喷雾剂、喷漆、涂料、汽油等，如果有，一定要先放到安全的地方再使用。

④ 在使用过程中，如果发现洗衣机有启动变慢、运转声音异常、转速明显变慢、冒烟、漏水、漏电、有焦煳味

等情况，不要硬用，要马上切断电源，排除故障后再放心使用。

⑤ 如果发现洗衣机有故障，要先断电，等家长回来说明情况、送去维修，不要擅自带电进行洗衣机的修理，这样很容易发生触电事故。

⑥ 在清洗洗衣机时，要断电，也不要直接用水冲洗，尤其是控制面板。

⑦ 在使用甩干功能时，当脱水桶未完全停止旋转时，注意不要打开机盖，以免发生危险。

⑧ 使用洗衣机时，请不要将50摄氏度以上的热水直接倒入机内，这样容易使洗衣桶和防水密封圈老化变形。

⑨ 停止使用时，要切断电源，以免潮湿漏电。

第五，电视机和电脑是孩子在家使用最多的电器，也是最感兴趣的，而且相信很多孩子都已经很好地掌握了使用方法，但是也有一些潜在的安全隐患是你们所不知道的。

① 电视是用来看的，电脑是拿来用的，请不要在无聊的时候任意拆开机器后盖。因为电视机及电脑显示器在工作时其内部可产生上万伏的高电压，任意拆开可能会发生触电现象。如果是需要清除机内尘土必须拆开的情况，也要等停机半小时以后，再进行清理，因为这时候高压放电已经结束了，不会有危险。不过你最好等家长回来再清理，自己不要随便乱动。

② 不要任意搬运电视机或者电脑，因为显示器在搬运过程中容易发生碰撞，而显像管是一个高度真空的光电器件，其表面承受着很大的大气压力，尤其是显像管尾部的玻璃壁很薄，如果破坏就容易爆炸，严重的会造成人身伤亡。

③ 一定要保证电视机及电脑显示器使用环境的安全，注意不要将电视机放在热源附近和很潮湿的环境中，以免引起高压着火，更不能放在易燃易爆物品旁，因为电视机在开关时，会产生接触火花，还会产生静电释放，在易燃易爆的环境中使用十分危险。

④ 如果遇到雷雨天气，就不要再继续看电视，要马上关闭电视机，并拔掉电源和有线电视插头，以免发生危险。

⑤ 电视机和电脑也需要休息，不能一天24小时开着，这样不仅会减少电器的使用寿命，还可能发生危险。

⑥ 当你长时间不看电视时，最好把电源插头和有线电视插头拔掉，而不是一直使用遥控待机，因为在电网供电不稳的地方，一旦高低变化超过了电视机的额定承受范围，也容易出现不安全的现象。

第六，处于中学阶段的孩子，正是爱美的年纪，尤其对于女孩子来说，电吹风也是经常用到的电器，可以用来吹干头发、固定发式，那么使用电吹风时需要注意的事项有哪些呢?

① 在使用的过程中，一定要避免头上的水滴滴落到吹风机内部，如果遇到这种情况，一定要马上扔掉电吹风，并拔下电源插头。

② 用过之后，不要把电吹风放在纸、布等可燃物上，以免引燃，引发火灾。

③ 在使用电吹风时应该轻拿轻放，防止摔碰，否则易使电吹风内的电热丝折断或变形，或者使电热丝与机壳相碰，产生触电的危险。

第七，预防家庭火灾。

不要以为火灾离你很远，据统计：近年来，我国每年大约发生4万多起火灾，每年的伤亡人数都在7000~9000人。而其中10%的火灾是由于孩子用火不当甚至是玩火造成的。可见，家庭火灾也是你不得不预防的，要学习了解一些消防知识和家庭防火知识，减少火灾发生的可能性，否则在危险真的来临时，你就会束手无策。

① 首先要弄清楚诱发家庭火灾的原因有哪些，像家用电器故障、超负荷用电、气体泄漏、烤火取暖、乱扔烟头、烟花爆竹、燃烧垃圾等都可能是家庭火灾的诱发因素。

② 如果是电视机冒烟起火，要立即拔掉电源插头，控制住火情，如遇明火，最好用破被子迅速将电视机裹严，待明火自然消失，电视机冷却后再搬动、处理。在处置时，绝不能浇水和滥用消防器材，因为当电源插头没有拔下时，用水泼着火的电视机会有触电的危险。

③ 香水、花露水、指甲油、摩丝、染发剂、酒精、气体或液体打火机、火柴等也是常见的易燃易爆物品。在使用这些危险物品前一定要认真阅读使用说明书和注意事项，以防止出现泄漏，引起爆炸。要将危险生活用品放在阴凉处，不要靠近火源、热源等发热体附近，更不能加热和放在日光下曝晒。

女同学在使用摩丝、染发剂等物体时要远离火源，而且不要用完之后马上用吹风机，要等待几分钟让气体挥发，否则摩丝、染发剂中的可燃气体遇到火源、高温的电吹风很容易引起火灾。

④ 如果你在炒菜时油锅突然起火，要立即关闭炉火，千万不能用水浇。因为水遇到热油会使油火到处飞溅，容

易烫伤。这时你可以迅速将冷菜沿边倒入锅内，使火自动熄灭，也可以用锅盖或大块湿布盖到锅上，这样燃烧的油火就会由于接触不到空气自行熄灭。

⑤ 如果火势失控，要马上打119报警。如果报警后火灾扑灭，可再打119报告火已扑灭。

⑥ 掌握火灾逃生的正确方法，可以在危险来临时，给自己一条生路，所以你平时一定要留心，不可大意。当烟气很浓时，为防止中毒，应以湿毛巾掩口鼻呼吸，降低姿势，以减少吸入浓烟；在无浓烟的地方，可用透明塑料袋充满空气套住头，以避免吸入有毒烟雾或气体；若火焰很大，要先弄湿衣物或以湿棉被、毛毯裹住身体，以免身体着火；在火场逃生过程中，要关闭所有你背后的门，以降低火和浓烟的蔓延速度；当门、通道被火封死，可将窗帘、被罩撕成粗条，结成长绳，一端紧固在门窗构件或足以负载体重的物体上，然后顺着绳子从窗子滑下地面或安全地点；在楼层较低、火势较大的情况下，可以选择跳楼，但一定要讲究技巧，尽量缩小与地面的落差，可以先扔些棉被、床垫、沙发垫等柔软物品在下面，或选择有水池、草地等的地方跳，也可以打开大雨伞跳下，以减少与地面的冲击。

第八，在家预防煤气中毒。

因为煤气泄漏导致煤气中毒的事例并不少见，煤气中毒会直接危害人的生命安全。你要懂得一些预防煤气中毒的常识，当一个人在家的时候尤其要注意安全。

① 不要随便乱动厨房的煤气灶、煤气罐，尤其不要随便拧开关，这样很容易导致煤气泄漏。

② 一定不要在厨房点火玩。

③ 当你在厨房帮助家长做饭时，一定不能中途离开，如果锅中的水溢出，就可能浇灭火苗，导致煤气泄漏。

④ 煤气点燃时，要打开排风扇，或者把厨房的窗户打开，以保持室内通风。

⑤ 如果煤气火苗突然熄灭，不能马上再点火，因为火苗灭了之后会漏煤气，当屋里充满煤气的时候，点火就很容易引起火灾。正确的做法是马上关上煤气总阀，开门、开窗通风，使煤气尽快散发出去，过一段时间再点火。

第九，"药"吃错就是"毒药"。

湘湘是一名初三的学生，周末一个人在家写作业，无聊时照照镜子，竟然发现脸上的青春痘又多了。她很郁闷，想抹点药把这该死的痘痘治好，于是她跑到妈妈的卧室，翻箱倒柜，突然看到一种治愈"皮肤病"的药膏，湘湘想也没想，就把这种药膏涂在了脸上。没想到涂上之后，她的脸变得红红的，还很痒。

其实，湘湘的脸上只有几颗青春痘，没什么大不了的，但是由于她擅自乱用药却起了副作用。医生告诉她："治好后可能会有一些疤痕。"湘湘后悔不已，早知道就不乱用药了。

俗话说得好：是药三分毒。药虽然是治病用的，但是用的剂量、方法都有严格的要求，如果稍有不对，就可能成为伤害自己的毒药。所以，你一定要记住，不要随便乱用药，如果身体有什么不适，要让家长带自己去医院，并按照医生的嘱托正确用药。

① 平时要多了解一些常用药物的用法，比如感冒、发烧等，等到自己急需时就不至于像没头苍蝇一样到处乱撞了。

② 如果自己一个人在家，遇到身体不适的情况，一定不要病急乱服药，可以打电话给家长，寻求他们的指导。

③ 不要盲目按照药物说明书上面的用量服用，因为那是大人的用量，而你的身体没有发育成熟，用量应该相应减少，最好在医生的指导下服用。

④ 一定要知道自己的过敏药物，并避免服用。

⑤ 很多药物之间、药物与食物之间会有冲突，如果一起吃，会发生不良反应，平时要对这种情况多做了解，以免中毒。

第十，烫伤后如何处理。

烫伤也是家庭中很常见的危险，比如饮水机、热汤热水、油锅、电火锅、电水壶、热水袋等，都是危险源，尤其是当你一个人在家的时候更要注意。如果不慎被烫伤时，千万不要慌张，要头脑冷静，在第一时间进行必要的紧急处理，将烫伤所造成的伤害减小到最低限度。

① 如果是轻度烫伤，只有轻微红肿，可在水龙头下，用流动的冷水持续冲烫伤的部位20～30分钟，或者可以把烫伤部位完全浸没在洁净的冷水中，及时散热以减轻疼痛或烫伤程度。但要注意水温不能低于-6摄氏度。冰水的温度太低，反而可能会冻伤肌肤。等到烫伤处没有感觉后可涂些醋、牙膏、清凉油等物品减轻疼痛。

② 对于伤面上出现的小水疱不要挑破，这样可能会造成感染。如果水疱已经破裂，应用消毒纱布或干净的毛巾

遮盖保护。

③ 如果烫伤面积较大，应尽快脱去衣物，必要时可以用剪刀剪开衣服，黏住的部分不要硬扯，可暂时保留；创面不要涂抹任何药水或药膏，以免造成感染，影响医生的诊断；如果伤势严重，不能喷水，也不能涂抹药物，要马上去医院接受治疗。

第十一，陌生人敲门要小心。

寒暑假或者周末时间，由于家长上班、外出，很多孩子大部分时间都是一个人待在家里的，有的犯罪分子便乘虚而入，利用各种欺骗手段实施犯罪。当你一个人在家时，一定要加强警惕，万万不可被犯罪分子利用，造成悲剧。

① 如果家长不在家，你一定要锁好防盗门，也可以把电视机或音响等设备打开，以起到敲山震虎的目的。

② 如果有人叫门，不要轻易开门，可以先问清是谁，如果是陌生人，一定不要开防盗门，应委婉拒绝："不好意思，我爸爸妈妈不在家，请您改天再来。"如果对方自称是你爸爸妈妈的朋友，也要提高警惕，可以告诉他："您有什么事情，我可以转告，您要是有急事的话，我可以给他们打电话。"

③ 如果你感觉到对方是坏人，就可以大声地喊："爸爸，外面有个不认识的人找你。"如果对方真是坏人，听到你家里有大人是会被吓走的。

④ 如果对方说自己是来收煤气费、水费、电费等时，应该先和物业部门核实，不要轻易让他进屋。总之，防人之心不可无，如果你真的遇到危险，再后悔就晚了。

⑤ 如果歹徒已经撬门入室，你一定要保持冷静，不要

紧张，要用自己的智慧和勇气与其周旋，切忌硬碰硬，让自己受到损失。首先要牢记110这个电话，遇到合适的时机赶快报警；如果他没有发现你，你必须快速地藏起来，一旦有机会就立即逃走、求救，如果你在卧室，就可以把门反锁，向楼下扔一些东西作为求救信号，或者马上报警；你毕竟是小孩，无法与对方抗衡，一定不要与对方对峙，说一些刺激对方的话，让他伤害到你，此时保证自己的安全最重要，要机智灵活，随机应变，舍财保命，绝不要刺激对方，让他产生伤害你的冲动，倘若财产与安全不能两全，则一定要选择舍财保命；事后不管小偷有没有得手，一定要迅速报警，并告诉邻居、家长，以便在最短的时间内抓住犯罪分子，不让其逍遥法外。

有一个6岁的小女孩周末在家看书，爸爸妈妈都去上班了。这时她突然听见有人敲门，小女孩不加设防，便去开门。打开门一看，有一个拿着刀的男人恶狠狠地站在眼前。她不禁倒抽了一口冷气，心想："遇到劫匪了！"但是她灵机一动，让自己镇静下来，微笑着对那个劫匪说："叔叔，您是来推销菜刀的吗？我们家正好需要一个，多少钱啊？"没等那个人说话，她又热情地说："天气这么热，您进来喝点水吧！"那个满脸杀气的男子竟然有点不知所措，结结巴巴地说："不用了。"也许是被这个小女孩所感动，这个男人拿着小女孩买刀的钱转身离去。这个女孩的勇气和智慧不仅改变了自己将要面对的险境，相信也改变了这个劫匪的一生。

总之，生活充满了未知，在遇到危险的时候，一定要用自己的智慧去面对，不要害怕，也许你会战胜邪恶，也给别人带来机会。

　　人生的道路是漫长的，人的生命是宝贵的，在人生的道路上会不可避免地发生一些危险，就算是家长在家时也不是绝对安全的，希望我们每个人都要有安全意识，用我们的智慧和勇敢应对危险。

2. 出门在外，注意安全

故事导入：

欢欢是一个刚上高中的女孩子，第一次离开家独自住校，爸爸妈妈不放心，经常给她讲一些安全常识和出门在外的注意事项，告诉她出门时不要带太多贵重物品，不要随便坐路边来历不明的车。但是欢欢很不以为然，觉得自己马上就满18岁了，也算是成年人了，家长不必这么大惊小怪。

有一次，欢欢提着自己新买的提包，拿着银行卡去取钱，正在她等车的时候，一辆面包车突然停在她面前，并问她是否要坐车。在她犹豫的时候，便连人带包一起被拉进了车内，这些歹徒抢劫了她包内所有值钱的东西，还逼问她银行卡的密码，欢欢被吓坏了，一时把密码说错了，没想到歹徒竟然打电话向银行查询，发现密码是错误的，竟然拿刀捅了她一刀，直到她说出正确的密码才让她下车。

虽然欢欢只是受了一点小伤，但是这个教训仍然是惨痛的。如果她能认真地听听家长的忠告，牢牢记住父母的话，就能避免这样的惨剧发生。

孩子心声：

"出门在外，注意安全"，这是我每次出门前都会听到的嘱咐，似乎每次出门之前，妈妈都会说同样的话："注意安全""不要和陌生人搭讪""早点回家"……这些话我早已经背了下来，但是从来没放在心里，总是认为妈妈的话太啰唆，认为自己根本不会遇到她说的那种情况。

直到后来，当妈妈平时"啰唆"的那些事情真的发生在了我的身上，我才意识到这些都不是吓唬我的，原来危险就在我们身边。

由于自己的疏忽，我也付出了惨痛的代价，而且差点丢掉自己的性命。从此以后，妈妈更是像箭在弦上，只要我出门就会不停地打电话、发短信，"注意安全"是必不可少的嘱咐。我也终于理解了妈妈的良苦用心，尤其是当我独自一人在外求学时，总会想起妈妈的这些话。的确，安全才是最大的财富。危险真的无处不在，如果你不曾经历，你永远不会体会到它有多么可怕！

家长回应：

不要总是觉得我们唠叨，也不要觉得你自己可以独自应付外面的一切，你还小，很多犯罪分子就是利用你们的单纯来对你们进行蒙骗，千万不可掉以轻心。请相信爸爸妈妈绝对是为了你们好，不管在什么情况下，安全都是第一位的，我们不求你能多么富贵或耀眼，只要你能安全就好。平时一定要牢记爸爸妈妈的话，那些都不是废话，而是保护你们的"警示良言"，不要等到真的遇到危险了再想起爸爸妈妈的嘱咐，那时候后悔就已经晚了。如果你真的遇到什么不测，那么你失去的不仅仅是自己的健康和生命，还包括那么多爱你的人所付出的心血和努力。

给孩子的建议：

当你出门在外时，一定要加强自我保护意识，不要被别有用心的人利用，给自己带来不必要的损失。以下几点意见请认真参考：

第一，平时出门，尽量不要带名贵的包包、贵重物品，不要觉得背上一个名牌包就显得很阔气，它可能会给你带来不必要的麻烦，如果你的东西很多，可以拎个塑料袋或纸袋。

第二，作为学生，用到手提电脑的机会并不多，所以尽量不要经常携带外出。如果必须要携带手提电脑，可以用其他包代替电脑包。另外，不要将钱包、身份证、银行卡等贵重物品放入电脑包内。

第三，走路时不要玩弄手机，也不要边走边打电话，手机尽量不要挂在腰上。

第四，坐公交、地铁要提防小偷。在乘坐公交车时，要排队上车，或者等到其余人上车后再上车，不要与别人挤。如果公交上很挤的话，一定要看好自己的东西，把提包放在胸前，手机和钱包不要露出，以免给小偷以可乘之机。

第五，如果是去自己不熟悉的地方，一定要在大人的带领下，或者可以问警察，一定不要让陌生人带领。

第六，当你独自在路边行走时，请警惕路边慢行或者停住但已打火并随时可以开动的摩托车。对于周围的事情尽量不要围观，也不要被一些事情分散自己的注意力，和朋友一起走路聊天时也不要过于投入。

第七，不要在一些人迹荒芜的地方独自行走，在通过过街天桥或地下通道时要加快速度，如果有鬼鬼祟祟的人在前面，要绕道行走。

第八，要遵守交通规则，注意交通安全，不要横穿马路，过马路时要注意来往车辆，尽量走人行横道。

第九，如果有陌生人要廉价卖给你手机或者电脑，不要轻易相信他，也不要被诱惑。这往往是一个骗局，可能是通过不正当渠道得到的，也可能是假货。

第十，在使用银行卡的时候，尽量避免现金操作，最好使用转账的方式，学会使用网银或电话银行，在取钱时要确认没有可疑人员后再走。

第十一，如果不幸被打劫，一定要冷静，不要有勇无谋。钱财乃身外之物，只有保全自己之后，才有机会报警，将犯罪分子绳之以法。

第十二，出门在外，尽量不要和陌生人说话，包括问路。如果有人主动与自己搭讪，要马上避开，并保持一定距离，如果对方有异常举动，一定要保持冷静，随即应变。

第十三，尽量避免夜间独自外出活动，更不要去人迹罕至的地方，比如一些无物业管理的地区、行人很少的马路，不要靠近路边停留的汽车。

第十四，如果一个人乘坐出租车，要多留个心眼，把车牌号记住，注意开窗通风，以免中迷药。

青少年要提高自己的辨别能力，警惕社会上的各种骗局：

第一，很多社会上的骗子利用人们的善良，自称钱包被偷或遗失，身无分文，以博取同情，骗取钱财；或者以借银行卡方便其家人汇款为由，伺机骗走你的银行卡及密码，盗取卡内钱款。

第二，很多人利用电话或者短信诈骗。比如以中奖为由，向学生手机发短信，骗取现金或银行卡的账号及密码，也有的人以你的银行卡密码被盗为由，让你转移卡内的资金。

第三，有的骗子冒充学校的老师、家长和孩子，谎称其家人生病或发生意外，利用大家的焦急心态以骗取钱财。

第四，有的骗子会通过向你问路的方式来对你行骗，比如有的人给你递上一张地址，问你那个地方在哪里，这时候一定要警惕，因为这张纸可能有迷药，你可能会被迷倒；如果对方与你靠得很近，也可能通过口气把你迷倒，并搜光你的钱财。

如果遇到电话或者短信诈骗，要保持警惕，不要轻信对方，更不要告诉对方自己家中的信息。遇到街头诈骗的行为，要保持冷静，慌张只会落进对方的陷阱，一定要尽快和父母取得联系，让他们来做决定。

如果遭遇不幸也不要失去理智，一定要保持镇定。

在面对突如其来的不幸时，比如被偷被抢或被劫持，很多大人也无法用正常的理智来思考，更何况是还在上学的孩子。正因为如此，我们更应该培养自己在面对危险和突发事件时镇定的心态，因为这是唯一可以战胜邪恶、保护自己的方式。

周末的一个下午，小童和一群同学外出游玩。正当他们坐公交回家的时候，身上的钱财被几个少年强行抢去，没等他们反应过来，这几个人就向前跑去。

看到歹徒逃窜，小童什么也没想，就追了过去，歹徒看到这个小孩一直追，而且就一个人，便停下来恐吓他："再追把你砍了。"没想到，小童拉住其中一名歹徒，便喊道："快来抓贼！"歹徒见势不妙，拿起刀便向小童捅去，然后继续逃跑。

而小童的另一位同学远远看到歹徒逃跑，却没有这么冲动地追上去，他首先想到的是报警，让警察来帮助他们。他迅速跑到附近的公共电话亭，拨打了110，等待警察的到来。

附近的民警接到指令很快赶到现场，远远简单向警察叙述了事情的经过，并把歹徒的体貌特征和逃跑方向告诉了民警，民警带领远远乘车追赶，终于在1公里之外的地方抓到了歹徒。

看到倒在地上的小童，远远又马上拨打了120，把他送去医院，还好由于抢救及时，小童转危为安。

外面的世界很精彩，外面的世界也很危险。在这个形形色色的社会里，稍有不慎就会遭遇危险。据调查显示，每年大约有1.6万名中小学生非正常死亡，平均每天就有40多人。生命是珍贵的，所以每个孩子都要在保护自己的前提下用智慧去和邪恶作斗争。如果小童不是那么冲动，就可以避免这个悲剧的发生了。而远远的表现就很好，不仅有勇，而且有谋，在受到侵害后懂得报警，不仅挽回了自己的损失，还让罪犯绳之以法。

第一，要记住并学会拨打"110"。

① 你要清楚在什么情况下可以拨打"110"。当你的身体遭遇暴力威胁时、财产受到不法分子的侵害时、遇到危难和灾害事故需要帮助时都可以拨通"110"报警求助。

② 当拨通"110"后，会听到中、英文语音提示："您好，这里是110报警服务台"，然后就会有警员受理你的报警求助，这时你要冷静，不用慌乱，要按警员的提示，用普通话说出自己的姓名、地理位置、联系方法、求助的具体情况。

③ 如果没有紧急情况，请在你报警的地方等候，不要破坏现场，造成证据的丢失。

第二，要认识并了解"120"。

① 我国大部分城市和县都已开通了医疗专用120急救电话，如果你身边出现需要急救的病人或者伤者，一定要记住马上拨打"120"。

② 打电话的时候不要哭喊、不要语无伦次，一定要清晰准确地表达自己的意思，避免耽误时间。

③ 在叙述的时候一定要交代清楚病人所在的居住区或者事故发生的具体地点，如果是遇到大型事故，还要说清

楚受伤人数及受伤情况，以免造成医务人员和救护车准备不足而耽误抢救的局面。

④ 要告诉接听人员你的姓名和联系方式，以免他们找不到人。

⑤ 可以向接听人员说说病人的症状，让对方提醒你一些需要注意的事项以及急救方法。在"120"到达之前，你要努力自救或帮助他人救助，以赢得最佳救治时间。

3. 学校里不一定就是安全的

故事导入：

　　初一学生健健在课余时间用橡皮筋做了一副弹弓。有一次大课间休息时，健健邀请同班同学小华在操场上玩弹弓。他们两个用弹弓上的橡皮夹住小石子，对着不远处的一个矿泉水瓶不停地射击。小华站在前方不远处一直对健健进行指导，没想到这个石子竟然偏离他们"预想"的轨道，射中了小华的右眼。

　　老师知道后，立即将小华送到了医院，小华被诊断为外伤性白内障（右）、眼球视网膜挫伤，构成七级伤残。

孩子心声：

　　我一直以为学校是很安全的地方，因为我觉得每个学校都有特别严格的纪律要我们去遵守，比如说上课遵守秩序，下课不许打闹，放学排队回家。当我们住校之后，还实行了封闭式管理，规定不能随便出入校园，而且每天晚上都有明确的熄灯时间，熄灯之后不能任意活动……在这样的制度之下，我们想有安全问题都很难。虽然我也听过甚至见过很多同学遭遇危险的事例，但大部分都是由于他们违反学校纪律和规定导致的，比如，有的同学半夜爬墙出去上网，从墙头摔下来；或者有的同学在课余时间不掌握分寸地打闹导致受伤。如果他们遵守纪律，就不会发生这样的事情。所以，我觉得这种事例虽然有，但是也不会发生在我身上，因为我是一个遵纪守法的好学生。

家长回应：

　　不遵守学校规章制度，的确会使自己的安全隐患增多，但是，这只是造成安全问题的内在原因，除此之外，还有很多外在的因素会引起安全事故，比如在学校发生的挤压、踩踏等事故，校园勒索事件，校园暴力事件，体育课上受到意外伤害，学校食堂卫生管理不够导致的食物中毒，消防事故，学校设施安全隐患，等等，这些不安全因素是你本人无法控制的，并不是你遵守纪律就能避免的。所以，孩子，千万不要小看校园安全问题，这已成为社会各界关注的热点问题，直接关系到你能否健康安全地成长。父母和学校都会尽力减少学校中的不安全因素，争取给你营造一个安全的环境，同时你也要提高自己的防范意识，学会保护自己。

给孩子的建议：

　　学校是你学习和生活的乐园，你在学校度过的时间要比在家度过的时间多。学校在教给你知识的同时，也存在着很多安全隐患。从青少年自身来说，一定要提高校园内的防范意识，掌握一定的自我保护技能，保证每天高高兴兴上学，安安全全回家，千万不要让美好的校园生活留下伤害的阴影。

第一，被困在电梯中如何脱险。

在一所高校曾经出现一个这样的悲剧：一个女同学在乘坐电梯的时候，电梯出现故障，为了脱险，她竟然强行扒开电梯门逃生，结果导致掉进30多米深的电梯管道，当场死亡。

如今，电梯已经进入我们的校园生活，成为上下楼必不可少的工具，同时也给我们带来了新的不安全因素。电梯在运行中突然发生故障的情况并不少见。一旦被困于电梯，我们该怎么办呢？

① 首先要保持冷静，可做屈膝动作，以减轻身体对电梯急停的不适应。

② 如果电梯没反应，要立即按下红色的紧急键求救。

③ 使用电梯内的对讲系统求救，如果有人回应，要清楚告诉对方自己的情况。

④ 在救援人员到达现场前，不要撬砸电梯门，不得将身体的任何部位伸出电梯轿厢外，这样很危险。

⑤ 在电梯中不要紧贴电梯门，要保持一定距离，并听从电梯外管理人员的指挥。

⑥ 如果报警装置失灵，可拨打110报警，同时也要大

声呼救、拍门、捶墙壁，以便有人发现。

第二，要保护自己的财物。

很多同学在学校里，经常因为自己的粗心大意而导致财物被盗，不仅给自己带来了损失，也使自己的安全受到威胁，因为如果盗窃犯被发现，就可能采取极端的方式来逃避罪行。所以，对于学生来说，一定要加强防范意识，努力使自己的财物不受侵害。

① 在学校带一些钱是必要的，但不要太多，能够应付日常的开销就好。

② 贵重物品和现金要放好，最好不要经常暴露在公共场合。

③ 如果你是最后离开教室或者宿舍的，要注意关好窗户、随手锁门，不要给小偷以可乘之机。

④ 不要让外来人员留宿。注意保管好自己的宿舍钥匙，不要随便借给他人。

⑤ 在学校发现形迹可疑的人要提高警惕，如果其携带作案工具或者疑似赃物，最好马上向老师或者保安汇报。

⑥ 如果不幸丢失财物，无论损失是否重大，都不要自认倒霉，一定要向老师汇报。如果有公安人员介入，一定要积极主动提供线索，不得隐瞒情况不报。

第三，同学之间打闹、玩笑要适度。

2009年，河南省某高中的两名同学阳阳和小刚下课后在教学楼的走廊里打闹，两人玩起了摔跤。由于清洁阿姨刚刚拖过地，小刚脚下一滑，不慎摔倒，阳阳的头在墙上磕了一下。一开始两人都没有太在意，后来阳阳回到宿舍后突然晕倒，同宿舍的同学马上将他抬到医务室急救，等到120急救车到来的时候，阳阳已经因头部受到重创而死亡。

很多同学，尤其是男孩子总喜欢在课余时间打打闹闹，而且把这种打闹看做是联络感情的一种方式，觉得不会有什么危险，然而很多的事故就是在这样的"玩笑"中上演的。所以，同学之间打闹要注意以下事项：

① 避免滑倒、磕碰导致受伤。教室内空间狭小，地面光滑，而且有很多桌椅，稍不留神就容易发生危险。所以，下课后不要在教室内追逐、打闹，做剧烈的活动和游戏。

② 如果教室处于高层，不要在窗前或阳台打打闹闹，也不要将身体探出窗外。需要登高打扫卫生、取放物品时，也要提醒周围的人加以保护，防止摔倒。

③ 不要在教室的门窗之处打闹，否则很容易夹到手。

④ 同学之间嬉戏打闹要有度，必须在保证安全的前提下适当地"联络感情"。不要玩一些"斗牛""摔跤"等危险系数高的游戏，也不要突然袭击别人，比如突然把同学的椅子抽空、突然伸脚把同学绊倒，这样很容易使对方磕在桌脚上造成伤害。

⑤ 你要意识到打闹的风险，尽量不去打闹，还要劝说身边喜欢打闹的同学。如果你无意使同学受到了伤害，要马上帮助对方脱离窘境，事后也要诚恳地向对方道歉。

第四，同学之间要团结友爱，避免恶意打架事件。

2010年11月24日，河北省某高中发生了一起命案。高一同学张某因要去门口拿东西遭到学生会人员徐某的阻拦，与其结下矛盾。当晚，张某叫上隔壁班的"哥们儿"吕某，找到那名学生会成员徐某，将其拽进厕所进行殴打。

后来他们的行为被老师发现，在老师的连续追问下，张某承认了打人的事实，并称是因为徐某说脏话骂他才导致打架的。

老师将徐某叫出来询问是不是被打伤了，徐某称"没事"，由于徐某看上去并无明显外伤，于是学校令打人者回家反省，让被打者回宿舍休息，并没有对被打者进行全面检查。

没想到徐某回到宿舍后，感到头疼、肚子疼，并伴有身体发冷等症状。等被送到了医院，徐某突然整个身体瘫倒在地上，被送到病房急救。医院抢救期间，发现徐某的心脏有出血症状，受了较为严重的内伤，抢救了一个多小时，还是没能救过来。

像这样的校园打架事件导致的悲剧有很多，如果同学之间能够多一点理解和友爱，这种悲剧是完全可以避免的。

① 同学之间要讲团结、礼貌，和睦相处，不要让"哥们儿义气"等社会不良风气席卷校园。

② 与同学间因为一些琐事发生冲突时，要学会站在对方的角度思考问题，能忍则忍，不要因为一时冲动便拳脚相加，造成不可挽回的伤害。

③ 做事要三思而后行，不要和同学开一些过火的玩笑，使对方恼羞成怒，使用暴力解决问题。

④ 同学之间发生矛盾在所难免，对于矛盾要恰当地处

理和解决，避免使矛盾激化。首先，一个巴掌拍不响，要先从自身找原因，试着去解决矛盾；如果责任确实不在自己身上，而是由于双方有什么误会，要主动和对方交流，消除误解；如果对方的所作所为对你的生活和学习造成了影响，不要采取极端手段，以暴制暴，要及时和老师、学校领导进行沟通。

⑤ 发现有同学打架时，必须及时劝解和制止，不要袖手旁观，也不要幸灾乐祸，更不能火上浇油、推波助澜，造成打群架现象。

第五，面对频发的校园暴力事件，要学会保护自己。

近几年来，发生在校园里的暴力事件日渐增多，"校园暴力"已经成为一个不容忽视的社会问题。

2010这一年，全国就发生了好几起暴力事件：3月23日，福建南平一名男子在南平实验小学校门口挥刀乱捅，至少造成8名小学生死亡；4月12日，广西合浦某小学门前又发生了一起凶杀案件，致使多名小学生伤亡；4月28日，广东雷州男子校园内砍伤师生16人；4月29日，江苏泰兴中心幼儿园发生一起持刀行凶事件致29名学生、2名教师、1名保安受伤；5月12日，陕西省南郑县圣水镇幼儿园发生凶杀案，犯罪嫌疑人吴焕民持菜刀闯入幼儿园砍杀，致使7名儿童（5男2女）和2名教师死亡……此外，校园中还有很多恶性事件，比如山西初二学生遇到同学挑衅，将硫酸泼向对方，导致13人毁容；高年级学生向低年级学生劫钱，或者毫无缘由地对低年级学生拳脚相向，以求过瘾和发泄；学生之间使用刀等利器砍伤同学，致使同学残疾或死亡，等等。

学会如何面对"校园暴力",是保障青少年健康成长刻不容缓的要求。

① 如果遭遇校园暴力,不能硬拼,与其发生正面冲突,蛮干只能激怒对方,导致不必要的牺牲;也不要一味地选择退让,让施暴者得寸进尺,这样只会让自己后患无穷。

② 如果遇到高年级同学勒索钱财时,不要慌张,也不要硬碰硬。你可以先把钱给他们,但一定要记住对方的特征,事后再向父母和老师报告。

③ 如果此时身边有其他同学,要团结大家,齐心协力,可以一些人采取拖延战略,另外的人及时通知老师或者报警。

④ 如果情况很严重,自己脱身失败,要想办法打"110"报警,用法律手段保护自己。

第六,面对老师,也要懂得保护自己。

教师是人类灵魂的工程师,担当着"传道授业解惑"的重任,是孩子学生时代生活中很重要的人。但是,近几年来,关于教师的一些负面新闻却屡见不鲜,很多老师不顾自己的身份和形象,不讲职业道德,任意侮辱学生、体罚学生,还有的甚至对学生做一些猥亵的事情。

一名初二的学生,在晚上老师查宿舍时喊了一声老师的外号,不料被老师听到了,老师揪住这个同学就是两记耳光,然后又对其拳打脚踢一顿暴打。后来,这名同学被确诊为肾炎和肾衰竭,而且给他的心理造成了极大的伤害,惧怕学校,害怕老师,拒绝上学。

当你遭遇老师的伤害时，一定不要惧怕老师的权威，要懂得使用合法手段保护自己的合法权益。

① 如果老师有乱收费等行为，不要任其宰割，一定要据理力争，维护自己的权益。

② 如果遭受体罚或者其他比较严重的伤害，一定不要为了遵守纪律而任由自己被伤害，要想办法维护自己的权益，及时向家长或学校领导反映。

③ 女同学更要学会保护自己，不要单独去男老师的宿舍，不要随便答应男老师的过分要求。

第七，在学校上下楼一定要小心。

2009年12月7日，湖南省湘乡市育才中学发生一起严重的学生踩踏事件，共造成8名学生遇难，数十人受伤；2010年，四川省巴中市通江县广纳镇小学四年级至六年级寄宿制学生晚自习结束后，在下楼梯时发生拥挤踩踏事故，造成8名学生死亡，45名学生受伤；新疆生产建设兵团农一师第二中学附属小学学生在下楼参加升国旗仪式时，发生拥挤踩踏事故，造成1名学生死亡，12名学生受伤……

踩踏事件在各个学校并不少见，"楼道内不得追跑打闹"，这是学生行为守则中的明文规定，那么我们应该怎样做才能保证自己的安全呢？

① 在楼道内要轻声细语，不要随意打闹，也不要任意乱跑。

② 不要聚集在楼梯口，造成别人上下楼困难。

③ 当楼道里人较多时，要遵守秩序，尽量靠右行走，

避免和人相撞。

④ 下楼尽量避开人流高峰。

⑤ 在下楼时如果人员拥挤，不要催赶着急，也不要起哄，更不要推搡前面的同学，这样很容易引起大家的恐慌，发生危险。

⑥ 如果不幸遇到踩踏事故，要将上肢抬到胸前，给自己留有呼吸的空间；如果摔倒在地上，要牢牢抱住头部，身子蜷缩成球状，以保护头部、太阳穴、眼睛、心脏、胸腔部位。

第八，上体育课应该注意自己的安全。

体育课是锻炼身体、增强体质的重要课程，但是也有很多安全隐患，上体育课时，注意安全、防止受伤是一个不容忽视的问题。

① 在课前要做好热身和准备工作。

② 进行跳远活动时，要在老师的指导下进行助跑、起跳，起跳前前脚要踏中木制的起跳板，起跳后要落入沙坑之中。

③ 在进行手榴弹、铅球、铁饼、标枪等投掷训练时，要按老师的口令进行，不要大意，避免那些危险的体育器材击中别人，造成伤害。

④ 参加短跑等训练时，要按照规定的跑道进行，遵守规则，不能串跑道。尤其是在终点冲刺时，更要警惕，避免造成相互碰撞的状况发生。

⑤ 在做跳马、跳箱等跨越训练时，要做好必要的保护措施，器械前要放有跳板，器械后要放有保护垫，而且最好在老师和同学的陪伴下进行练习。

⑥ 进行单、双杠和跳高训练时，器材下要备有符合要求的垫子，避免直接跳到坚硬的地面上，使自己的腿部和脑部受伤。

⑦ 做前后滚翻、俯卧撑、仰卧起坐等垫上的训练时，要认真，不要嬉戏打闹，避免扭伤。

⑧ 参加篮球、足球等训练时，要自觉遵守规则，不要盲目争抢，使自己或他人受伤。

⑨ 上体育课要注意自己的穿戴，避免因为穿着不当造成伤害。首先要穿运动鞋，切忌穿皮鞋、高跟鞋；衣服上不要带有过多的装饰配件，不要别胸针、校章等，更不要带一些小刀等锋利物品；不宜穿牛仔裤，也不要穿一些样式繁杂的衣服，最好穿一些弹力大的运动服装。

上体育课时，同学们要学会自我保护，要按照老师的指导去练习，一定要量力而行，千万不可逞强。

校园是我们的另一个家园，学校在我们的人生中起着举足轻重的作用，我们一定要提高自我保护意识，克服校园中的危险因素，把校园真正变成我们的乐土。

4. 社会是复杂的，不要染上社会恶习

故事导入：

小兵今年15岁，自幼失去母亲，爸爸由于忙于生计对他照顾很少，小兵从小就和爷爷奶奶住在一起。

今年小兵刚刚升入中学，脱离了家庭的束缚，开始了新的住校生活。有一天晚上，他经受不住学校严格制度的束缚，偷偷溜出了学校，想看看外面的花花世界。

正在他瞎逛的时候，被几名社会上的不良青年盯上了，说要带他去个好地方，保证玩得过瘾。小兵想也没想，便和他们一起去了。这几个社会青年带小兵来到一个类似酒吧的地方，里面充斥着形形色色的人，抽烟喝酒的、满口脏话的，这些人在小兵眼里都很"威风"，因为他从小就经常被同龄的孩子欺负，很希望将来有一天能

"扬眉吐气"。于是，他很快加入了这群青年中间，每天也模仿他们抽烟、喝酒、说脏话，在同学们中间感觉很有面子。后来，小兵干脆辍学了，每天跟在这几个"大哥"身后当起了小跟班，整天在大街上游荡，一没钱就和这几个"大哥"跑到街上，寻衅滋事、抢劫、敲诈钱财。

慢慢地，小兵发现这些人还有一个嗜好——吸毒，并且还怂恿小兵"试试"，告诉他"很过瘾"，小兵非但没有赶快与之脱离关系，还认为这是"酷"的表现，由此，他终于走上了一条犯罪的道路。为了筹钱买药，他不仅抢劫，而且还迷上了赌博，靠"赢"来的钱"过瘾"。

最后，小兵被警方抓获，被强制送到戒毒所，等待他的将是法律的惩罚。

孩子心声：

我从电视、报纸、网络上也能看到很多关于青少年误入歧途犯罪的事例，爸爸妈妈也经常告诉我社会是复杂的，告诉我不要被社会上居心叵测的人所欺骗，不要染上一些不良的恶习，告诉我要好好在学校读书，不要和社会上的不良青年产生莫名其妙的联系，使自己成为受害者……

但是，我总感觉这种事情离我的生活很远，毕竟我只是在电视上看到过这种事例，而我身边的同学似乎都很正常，没有什么不良行为，更没有走上犯罪道路的。更何况，我已经升入中学，不是小孩子了，你们以前不总是说要让我步入社会吗？要步入社会就要接触形形色色的人，就要做一些成年人做的事情，只有在与人交往的过程中，在尝试一些事情的体验中，我才能提高自己的认知能力，分得清是非善恶。可是我只要和社会上的人有一点交流，爸爸妈妈就会大惊小怪，怕我们变坏，这就等于变相限制我们的自由，我又不是傻瓜，怎么会那么轻易被骗呢？

家长回应：

首先，爸爸妈妈很理解你，你已经是个中学生了，不再是对世事懵然无知的儿童。这个时期你自我意识逐渐增强，对小学已经疏远，觉得自己已经长大成人，渴望做一些成人做的事，也很想表现出大人的作风和气场，希望别人把自己当作成人看待，更渴望得到别人的尊重和信任……再加上物质生活的改善和受社会上各种因素的影响，你们开始"独辟蹊径"，崇尚自由，追求流行和时尚，这是你们这个年龄阶段都会有的心理特点。但是你们心中所理解的"时尚"和"长大"是有失偏颇的，你们用抽烟、喝酒、看黄色书刊、说脏话来展现自己的"成人"姿态。可是，抽烟喝酒就能真正代表长大吗？满口脏话、跟随老大就能显示出你的"威风"吗？敢于吸毒就是"酷"的表现吗？哥们儿义气就代表真正的友情吗？拦路抢劫就是"大侠风范"吗？

余秋雨曾经说过："成熟是一种明亮而不刺眼的光辉，一种圆润而不腻耳的音响，一种不再需要对别人察言观色的从容，一种终于停止向周围人申诉求告的大气，一种不理会哄闹的微笑，一种洗刷了偏激的淡漠，一种无须声张的厚实，一种并不陡峭的高度。"真正的成熟不仅是年龄与阅历的增加，还是理性、智慧、纯真与道德的统一。

所以，你的这种认识是极端错误的，成熟不是靠模仿而来的，真正的成熟不仅包括年龄的增长，还包括智慧与道德的增长。这种行为非但不会带给你荣耀，反而会带给你困扰，你不会因此受到别人的尊敬，只能受到老师、同学的另眼相看，甚至鄙视。正是这种错误的认识，成了很多人走向犯罪的导火索，很多不良少年就是从"吸一支烟、赌一次博"开始走向不归路的。

　　所以，千万不要被社会中的各种诱惑蒙蔽双眼，就算你已经不是小学生了，但毕竟心智尚未成熟，还不具备独立生活的能力，还没有形成正确的世界观、人生观和价值观，法制观念较为缺乏，辨别是非的能力还很差，极易受到外界不良诱因的刺激。这段时期你仍然离不开父母和老师的教育和指导。要知道，人生最重要的不是所站的位置，而是所朝的方向，你只有保证自己的方向正确，才能更好地走入社会，而不至于"一失足成千古恨"。

给孩子的建议：

　　随着社会的不断发展，我们生活的环境也在发生很大的变化，很多青少年由于种种原因走上犯罪道路的并不少见。青少年犯罪，是当今世界各国所共同面临的社会难题，有人将其与环境污染、吸毒贩毒并列称为"世界三大公害"。

　　青少年犯罪主要有自身、家庭、学校、社会等多方面的原因。

　　首先，家庭教育的缺失是造成青少年犯罪的重要原因，比如生活压力过大、家庭不和、父母离异等情况，都会对孩子的性格造成不良影响。再加上有的父母对子女缺乏耐心，无暇顾及孩子，或者父母自身行为不端也会影响孩子，使之效仿父母，成为问题少年。

其次，学校的教育对青少年的成长也有很大的影响。有的学校教育方法不当，也是导致一些青少年流向社会、走向犯罪的重要因素。比如，片面追求升学率，在学校分快、慢班把学生划分为三六九等，歧视学习成绩差的同学，一旦学生犯错，便采用极端的处罚方式，甚至对处分生放弃教育，责令其退学。这些孩子一旦流入社会，便会自暴自弃，感到前途无望，再受到不良因素的影响，就很容易发生违法犯罪行为。

再次，法制教育的不完善也是造成青少年犯罪的重要原因，很多思想品德和法制教育流于形式，导致青少年缺乏基本的法律常识，不知法、不懂法，更谈不上遵纪守法，当他们犯了错误之后，甚至还不知道自己的这种行为已经构成犯罪。

最后，社会中的不良现象对青少年的危害是很大的。目前，文化市场上的图书报刊、音像制品中充斥着大量的封建迷信、凶杀暴力、淫秽色情及其他不健康的内容；一些经营游戏厅、酒吧、网吧的老板，为了自身的利益，致使一些青少年沉湎于此，心灵遭受毒害，理想被严重扭曲，逐步走向犯罪；一些以权谋私、贪污受贿和走后门拉关系的现象也会使青少年耳濡目染，使他们依靠自己的家庭势力为所欲为，导致违法犯罪。最典型的例子就是在河北大学校园内发生的撞人事件，当事人李一帆不但无视法律，还大声叫嚷着"我爸是李刚"；很多带有"黑社会"

性质的电视节目，使一些青少年纷纷效仿，讲"哥们儿义气"，做出一些危害社会的事情。

但是，你不要因此就把责任推卸给家庭、学校和社会，内因才是最主要的原因。作为一个青少年，自身素质的好坏是决定其是否会违法犯罪的关键。很多青少年身心发育都没有完全成熟，自身素质不高，对外界各种不良因素的抵抗能力很弱，再加上其不正确的世界观、人生观和价值观，以及法制观念的缺乏，游手好闲、无事生非，一旦受到外界因素的影响、刺激，便会染上抽烟、喝酒、吸毒等不良嗜好，很容易走上犯罪道路。

社会百态，不是样样都像你想得象的那么单纯、美好。能不能抵制和杜绝各种不良嗜好，家长的劝说和学校的教育只能起到促进作用。要想从根本上杜绝这种行为，在采取家庭预防、学校预防、社会预防等多种预防措施的同时，青少年也要注重自身的预防，严格要求自己，远离各种不良环境，抵制各种不良诱惑，坚决不去沾染不良嗜好。

第一，吸烟有害健康，千万不要染上吸烟的恶习。

吸烟会导致许多疾病和健康问题，烟草含有超过4000种有害化学物质，其中超过40种已知会致癌。吸烟者每吸入一毫克烟，就会吸入体内50亿烟尘颗粒及其他有害物质。吸烟时，如果烟草没有充分燃烧，便会产生对人体有害的一氧化碳，它进入人体后会导致组织缺氧，长期下去，就会加大抽烟者基因突变的概率，使细胞癌变的可能性增强。尤其是对于青少年来说，身心还未完全发育成熟，正处在长身体的重要时期，体内的各种器官和组织需要各种营养物质，对外界有害物质的抵抗力较弱，更易受到烟草的危害。所以，和成年人相比，青少年吸烟对身体的危害更大。

就算你不知道吸烟对身体的具体危害以及造成危害的详细数字，相信"吸烟有害健康"也是你常常听到的一句话，这是每个孩子都应该知道的常识。但是即使如此，为什么很多人仍然没有警觉，加入"吸烟"队伍的青少年依旧在不断增加呢？难道你们真的要以自己的生命和健康为代价，去寻求一时的过瘾吗？

① 现实生活中，青少年迷上"香烟"的原因有很多，有些是受到成人的影响，认为吸烟就是成熟的表现，吸烟代表着思考，而且电视或者电影中很多成功人士和英雄人物都是以"吸烟"的形象出现在荧屏上的。

但是抽烟就代表着成熟吗？事实上，一个人是否成熟、是否有气度，主要是通过其语言、行动、修养表现出来的，与抽不抽烟并没有太大的关系。而且一个人想要通过抽烟来表现自己的成熟，恰恰是一种不成熟的表现。所以，如果你是抱着这种心理去吸烟的，就不要为了显示"成熟"而受烟草的毒害了，这样只会适得其反。

② 也许你选择吸烟是因为受到同学、朋友的影响，认为大家都吸烟，只有自己不吸，就会不合群，或者认为自己"屄"，不够气派；也许你认为大家在一起聚会时，如果朋友敬烟拒绝的话，就是不尊重别人的表现；也许你认为今天吸人家一支，明天如果不回敬，也显得与人群格格不入……所以，你认为吸烟是与人交往的重要因素，有时

候甚至可以以"香烟"作为沟通的手段，提高办事效率，既然朋友都选择吸烟，你也就要"随大溜"。

但是按照你这种想法，好像只有"吸烟"才能促进人与人之间的感情交流，真的是这样吗？显然是错误的，交往包含很多的学问，如果具备交往的基础和条件，根本不需要"香烟"或者另外一些外在的因素，也是可以交往的，但是如果你本身有问题，就算是有数以万计的香烟，也难以解决问题。

③也许你觉得吸烟的年轻人都很有型，很潇洒，于是纵使烟"难抽"，也要用这种方式来表现自己的与众不同。

可是这只是你一厢情愿的想法，在其他人眼中却并非如此。吸烟者的身上会散发出难闻的气味，令你的牙齿、指甲、头发都失去光泽，而且口腔发出口气会令所有的人避而远之。所以，吸烟作为一种有害行为在生活中是不受人欢迎的，吸烟者也会受到别人的讨厌和反感，相信每个人都不愿意吸二手烟，被恶心的烟雾环绕。

④也许你在学习、恋爱、就业、生活等方面的压力较多，每天有很多额外的作业负担，面对无法达到的高要求，而且你经验不足，情绪不稳，承受能力较弱，一旦遭受像学习成绩下降、老师训斥、家长责骂等打击和挫折后，便会心理失衡，通过吸烟的方式来麻醉自己，寻求心理慰藉，使自己获得精神上的解脱。

但是，吸烟并不能真正地解决问题，它只会让你产生逃避心理，不去积极面对自己的挫折和压力，而是选择沉迷于其中无法自拔。所以，通过吸烟寻求安慰非但不会如愿，还会害了自己，使自己的身体和心灵都受到严重的伤害和打击。

"吸烟等于慢性自杀！"作为青少年，不要被一些腐败的社会现象诱惑。为了自己的健康，也为了别人的健康，请不要轻易受别人的怂恿而吸烟，可以试试其他的活动，比如体育运动，以健康的方式缓解压力。

第二，青少年不要喝酒，这样也会影响自己的身体健康。

对于身心还未发育成熟的青少年来说，大量酗酒的害处很大：酒精对青少年肝脏的损害最为严重，长期饮酒会导致酒精肝、脂肪肝，甚至肝硬化、肝炎和肝癌；过度饮酒会使胃部受损，容易引发消化性溃疡病、急性胃炎及其他疾病；酒精还会刺激眼睛，导致青少年弱视，加重视觉器官的炎症；酒精对神经系统也有很大的刺激作用，饮用过量的酒会麻痹脑神经，导致记忆力减退，严重的会使整个大脑的功能受抑制，出现昏迷现象，甚至危及生命。

过度饮酒还会直接引发青少年的冲动和暴力行为，因为青少年没有固定收入，就容易采取骗、偷、勒索等行为去满足自己的需要，从而滑向犯罪的边缘。

而且青少年过度饮酒之后，往往会由于自我控制能力减弱而引起一系列恶性事件，比如暴力、自杀、车祸等。

总之，青少年饮酒不利于身心健康，还容易产生各种伤害事故，导致违法犯罪，有百害而无一利。因此，每个青少年都要充分认识饮酒的危害，约束自己的行为，做到不饮酒。

① 要消除自己对酒的错误认识。很多青少年认为酒能

提神，消除疲劳，有助于脑力劳动，因而借助酒精来思考难题，提高学习效率。

但事实上，青少年喝酒对学习有一定的负面影响，会导致注意力无法集中，记忆力、判断力下降，致使智力减退，学习退步。

② 不要受到朋友、同学的鼓动而养成喝酒的恶习，这并不能代表你的"能力"，除了影响身体健康外，还会在同学中造成不良的影响。所以，当有朋友鼓动你喝酒时，你要做的是劝说他，而不是纵容甚至效仿。

③ 你可以通过开展丰富多彩的活动来远离酒精的诱惑，比如参加各种健康的课外活动、体育运动、郊游等，使自己保持身心愉快。

第三，一定要避免使自己陷入吸毒的危害之中。

吸毒的危害有很多：严重损害身心健康，各种毒品对身体都有严重危害，尤其是对于身心发育不成熟的青少年来说，摧残更为严重，毒品会毒害青少年的大脑，影响中枢神经系统功能，导致记忆力衰退、营养不良，抵抗力下降，诱发多种疾病，还会影响心脏功能、血液循环及呼吸系统功能。如果吸毒过量，就会引起中枢神经系统的抑制，使呼吸、心跳减慢，严重时会有生命危险；吸毒者还会对毒品产生严重依赖，毒品会逐渐摧毁一个人的精神和意志，使其丧失理智、道德堕落、人格变态；有的人为了筹集毒资，便会采用欺骗、偷窃、抢劫、谋杀等行为，有的甚至直接参与毒品的生产、运输、制造、贩卖。

青少年是祖国的未来、民族的希望，你们这个年龄应该努力提高自己的知识和能力，绝不可整日沉湎在毒品的世界中。所以，大家要远离毒品，拒绝毒品。

①要牢固建立拒毒心理防线，抵制毒品。一定要接受毒品基本知识和禁毒法律法规教育，了解一些关于毒品的知识，知道什么是毒品，以及毒品对人造成的危害，了解吸毒成瘾后很难戒除，还会导致犯罪。

②要抑制自己的好奇心，面对不良诱惑，头脑一定要保持冷静，千万不要听信别人的一面之词，在好奇心的驱使下去尝试第一口，这样就会使自己陷入万劫不复的深渊。

③要树立正确的世界观，正确对待困难和挫折，增强自己的抗压力和受挫力。每个人在成长的过程中，都会遇到各种困难和挫折，面对这些，一定要从容应对，培养自己独立生活和克服困难的能力，以坚强的意志去面对，而不要选择依靠毒品来麻醉自己。

④要培养自己良好的行为习惯，远离烟酒。吸烟、喝酒往往是沾染毒品的第一步。根据调查，在吸毒者中，从青少年时期就开始吸烟、喝酒者所占比例最高。因此，青少年要远离烟酒，不给毒品留下可乘之机。

⑤不要涉足未成年人不宜进入的场所，比如歌厅、舞厅等，这些场所都是毒品违法犯罪行为的聚集地，很容易被毒贩子利用。另外，绝不要吸食摇头丸、K粉等兴奋剂。

⑥要慎重交友，不要滥交友。很多毒贩子就是通过千方百计和别人交朋友来诱使人吸毒的，所以，你要提高自己的辨别能力，不要被一些居心叵测的坏人利用，从而误入歧途。

青少年是国家的未来和希望，肩负着巨大的重任，而同时又处于从幼稚走向成熟的时期，充满了未知的变数。不良的嗜好，不仅会伤害身体，还会对心灵造成巨大的危害，所以，作为青少年一定要增强自己的责任感，拒绝各种不良嗜好，使自己成为一个对社会有用的人。

5. 当无情的自然灾害来临时

故事导入:

2008年5月12日,相信每个中国人都不会忘记这一天,我国汶川地区发生了强烈地震。面对突如其来的灾难,有一个9岁的小男孩林浩用自己的勇敢和智慧展开了一场自救与救人的行动。

林浩,1999年出生,是四川省汶川县映秀镇渔子溪小学二年级学生,北京奥运会开幕式上,他与姚明一起担任护旗手。

当汶川5·12大地震发生时,林浩同其他同学一起迅速往教学楼外转移,还未来得及跑出,便被掉落的石板掩埋,动弹不得。沉重的石板压在身上,面对突如其来的变故和无边际的黑暗,很多同学变得慌乱不安,有的女同学惊恐地哭喊起来。作为班长的林浩展现出他那个年龄少有的成熟与坚强，为了安慰因为惊吓过度而哭泣的女同学，他便提议大家一起唱歌，以缓解恐慌情绪。于是这群孩子努力回忆着熟悉的歌曲，稚嫩的童声在废墟之下响起，缓解了恐惧和疼痛。

两个小时之后，林浩试探着挪动身子向外爬，经过很长时间的艰难挣扎和努力，身材矮小而灵活的林浩终于自救成功，爬出了废墟。此时此刻，还有数十名同学被埋在废墟之下，好不容易逃出来的林浩并没有惊慌地逃离，而是咬紧牙关，用弱小的身躯将两个已经昏迷的伙伴背出废墟，交给了校长，被救援的同学被父母背走了，而林浩因为救同学，头部多处被砸破，左手臂也被严重拉伤。

当记者问到他为什么要这么做时，林浩不假思索地说："我是班长。"林浩所在班级有31名学生，在地震中有10多人逃生，这当中就包括林浩背出来的两个同学。

5月20日，中央电视台和各大地方电视台都播出了《九岁救灾小英雄林浩》的专题采访报道。在网络上，很多人称赞勇敢镇定的林浩是"救人小英雄"。林浩那稚嫩的童音，勇敢、坚强、乐观以及善良的品格很值得我们钦佩，可是真正使他成功自救与救人的原因是他在灾难面前拥有着超出自身年龄的智慧与成熟，以及自救、应急的知识，否则，一个有勇无谋的孩子是不可能完成这么伟大的壮举的。可见，掌握自护、自救的知识是多么重要，我们从林浩的身上看到了祖国未来一代的希望。

孩子心声：

如今自然灾害真的很频繁，尤其是近几年来，地震、大旱、地陷、洪灾、雪灾、火山、泥石流频频暴发，每天看新闻、网页都是关于灾害的，当我看了《2012》这个电影之后，更是不得不恐惧。虽然有很多专家辟谣，但是愈来愈多的灾害呈现在我们眼前，而且面对灾害不管多么伟大的人都是渺小的，我们多么努力也会束手无策，毕竟在这么大的灾祸面前，能够幸存的人只是少数，很多人都逃脱不了灾难的魔爪。

家长回应：

大自然有着自己的规律，这是我们无法改变的事实，也许人类永远也不可能"胜"天，面对无情的自然灾害我们没有选择的权利，也不能阻止它的发生，但是我们可以选择坚强地去面对，运用各种方法，逐步认识大自然的规律，并采取相应的措施，努力把损失降到最低。其实，很多时候，灾害造成的人员伤亡并非来自于灾害本身，而是由于人们的无知和莽撞。社会上的抗震救灾组织、抗洪防旱组织、抗震减灾组织等都是用来应对自然灾害的组织，那么作为个人而言，要减少灾害带给我们的损失就要学会自救，只有这样，才能减少不必要的伤亡。

给孩子的建议：

如果你们关注新闻报道，就不难发现，地球上正遭遇着各种各样的自然灾害。环顾世界，海地智利强震、冰岛火山喷发、美国遭受三场暴风雪的侵袭、巴基斯坦洪水肆虐、日本等国遭遇罕见高温、俄罗斯大火……这些灾害像凶残的魔鬼，吞噬着我们美好的家园，夺走了人们宝贵的生命。

汉川大地震以来，我们国家更是经历了一次次历史罕见的自然灾害的挑战：旱灾、雪灾、洪涝、地震、台风、天坑、泥石流……自然灾害，已成为人类共同的挑战。频发的灾难面前，人的生命更是格外脆弱。截至目前，2010年全球因自然灾难死亡的人数已经超过了20万，远远超出往年正常水平。"2012"正是当今人类面对自然灾害、生存压力等一系列社会问题之时恐惧的集中宣泄。

青少年是个特殊的群体，你们是成长中的幼苗，享受着学校、家庭，乃至全社会的关心与呵护，也许你们已经习惯了平静、快乐的生活，可是每个人的人生都不是一帆风顺的，你永远不知道明天和意外哪个先来。你们正处于不断成长的阶段，各个方面发育都不完善，安全意识也很淡薄，所以，"自救"意识和能力的提高更显得重要。每个孩子都应该有这样的一个认识："危险无时不在，意外无处不有。"那么当危险降临到面前时，我们该怎么做呢？

第一，地震发生时如何保护自己。

强烈的地震，会造成房屋倒塌、大堤决口、大地陷裂等情况，给我们的生命和财产带来严重损失。在地震发生时要掌握以下应急的求生方法。

① 在平房里突然发生地震时，如果你正处在门边、窗边，并且窗外无危险建筑，要马上跑到院子中间的空地上；如果你在室内，不要靠近门窗，要立即钻到床底下、桌下、墙根下，但要避开大梁，同时可用被褥、枕头、脸盆等物护住头部。等到地震稍弱时，要马上趁机离开住房，转移到安全的地方。如果房屋倒塌，要待在床下、桌

下，千万不要擅自离开，要等到地震停止再想办法出去或者等待救助。

②　如果你住在高层的楼房中，发生了地震，不要忙着往外跑，因为时间根本来不及，最安全的办法是马上躲到两个承重墙之间最小的房间，比如卫生间、厨房、储存室等，因为这里空间小，大块的天花板掉下来的可能性小；也可以躲在结实的桌子、柜子、床等家具下面或者房间内侧的墙根、墙角等处，因为这些地方在房子倒塌之后会形成三角空间，这是相对安全的地点，同时注意保护好头部；千万不要去阳台和窗下躲避，也不要去乘电梯，更不能跳楼。因为阳台、窗户是楼房建筑中拉力最弱的部位，而电梯在地震时则会卡死、变形，跳楼会使结果更加悲惨。

③　如果是正在上课时发生了地震，首先要做到听从老师或现场工作人员的指挥，千万不能乱了手脚，更不要在教室内乱跑乱挤，大喊大叫。靠近门的同学可以以最快的速度跑到教室外面空旷的地方；中间的同学如果来得及也可以有秩序地跑到外面，如果时间来不及，要尽快躲到课桌下，用书包护住头部，要尽量避开吊灯、电扇等悬挂物；靠墙的同学要躲在墙角处，保护好头部。等到地震过后，要有组织地迅速撤离。

④　如果在商场、书店、博物馆等处遭遇地震，要注意避开玻璃门窗、橱窗和玻璃柜台以及高大、不稳定的重物或者易碎的货架。

⑤　如果在户外发生地震，要迅速避开高大的危险物，比如高大建筑、立交桥、烟囱、高塔、电线杆、路灯、广告牌等，要就近选择开阔的地方避震；如果在野外，要马

上避开河边、湖旁，避免河岸坍塌而溺水；此外，如果在山边，还要避开山脚、陡崖处，以防山崩或者山石滑坡等地质灾害。

⑥ 如果地震发生时已经离开房间，千万不要等地震刚停就回屋取东西，因为后面可能会发生余震，而余震的威力更大。

⑦ 如果地震后被埋在废墟中，要先设法挪开眼前、胸前的杂物，消除口、鼻之处的灰尘，可用毛巾、衣服捂住口鼻，防止烟尘进入口腔；如果被重物压住身体，首先要看清楚压在身上的是什么，然后尽力挣脱手脚，小心翼翼地清除压在身上的物体；如果身旁有可移动物品，可用来支撑一下身体上面的重物，减少压力；然后要检查自己是否受伤，如果没有，要根据情况向外缓慢拽拉身体，尽量朝有光、宽阔的地方挪动；如果已经受到严重外伤，要找到合适的东西，比如衣服等物包扎伤口，避免流血过多；如果找不到脱离险境的通道，或者已经发生骨折，则不要轻易移动，应保存体力，用石块敲击能发出声响的物体，向外发出呼救信号，等待救援，不要哭喊、鲁莽行事，这样会消耗大量的体力和精力，使你坚持的时间变短；你要尽可能克服自己的恐惧和不安，控制自己的情绪，闭目休息，为自己保持最大的体力，等待救援人员的到来。当听到外面有声响时应进行呼救。

⑧ 如果被埋在废墟下的时间比较长，而且没有等到救援人员，也没有听到救援信号，就要想办法自救，维持自己的生命。要尽量寻找食品和饮用水，并且要节约使用，迫不得已时，自己的尿液也能起到解渴作用。

⑨ 埋在废墟中也可能会面临余震的打击，这时要设法避开身体上方已经散落并将要坍塌的悬挂物，可以用附近的砖石、木块等物支撑住断壁残垣，避免在余震时进一步倒塌。另外，要用身边的衣物保护好自己的头部、颈部，低头闭眼，防止塌落物伤害到眼睛。

⑩ 还要知道正确的避震姿势。首先，可趴在地上，并将身体的重心降到最低；其次，在保证口鼻正常顺畅的前提下，将脸部朝下；再次，可蹲下或者坐下，使身体尽量弯曲；最后，要抓住身边牢固的物体，避免自己滑到危险地带。

第二，洪水暴发时如何自救。

洪水通常是指由暴雨、急骤融冰化雪、风暴潮等自然现象引起的江河湖海水量迅速增加或水位迅猛上涨的水流现象，通常会漫过堤坝，淹没农田、村庄，冲毁道路、桥梁、房屋。洪水来临时，如何自救呢？

① 当洪水来临时，不要慌乱，一定要听从家长或学校的组织与安排，进行必要的防洪准备。如果时间充裕，应该有组织地撤退到相对安全的地方，如防洪大坝上或是当地地势较高的山坡、高地、楼房、避洪台等地，或者在屋顶、楼房高层、大树、高墙等高的地方暂避，千万不要自己下水游动。

② 如果洪水来得太快，来不及撤退，要尽量利用一些不怕洪水冲走的材料，如沙袋、石堆等堵住房屋门槛的缝隙，减少水的漫入，也可以爬到屋顶、大树等处暂避。

③ 如果洪水继续上涨，暂避之处已不安全，或者已经受到洪水的包围，不幸被水冲走或者跌落水中，不要措手不

及，要保持镇定，尽可能利用船只、水中漂流的木板、桌椅、木排、箱子、衣柜、大块的塑料等物，做水上转移。

④ 如果已被洪水包围，要学会发出求救信号，如晃动衣服或树枝、大声呼救等，设法尽快与当地政府防汛部门取得联系，报告自己的方位和险情，积极寻求救援。

⑤ 如果离岸较远，周围又没有其他人或船舶，就要避免盲目游泳逃生，使体力消耗殆尽。

⑥ 不要攀爬带电的电线杆、铁塔，也不要爬到泥坯房的屋顶，如果发现高压线铁塔倾斜，一定要迅速撤离，不可触摸或接近，防止直接触电或因地面"跨步电压"触电。

⑦ 洪水过后，要做好各项卫生防疫工作，服用预防流行病的药物，避免发生传染病。

第三，天降暴雪、冰雹也要保护自己。

暴雪、冰雹是比较常见的恶劣天气，虽然不一定会形成大的灾害，但也要懂得一些自我保护的知识。

① 暴雨、冰雹天气，要注意多添衣物，注意保暖。

② 下冰雹时，要在室内躲避，尽量避免外出活动；如果正在室外，要用雨具或者其他物品保护头部，并尽快找到安全的遮蔽处，避免砸伤。

第四，外出时打雷怎么办？

雷电是常见的自然现象，一般产生于对流发展旺盛的积雨云中，是天空中雷暴云中的火花放电，放电时产生的光是闪电，闪电使空气受热迅速膨胀而发出的巨大声响即雷声。雷雨天容易遭受雷击，致人受伤甚至死亡。如何才能避免或减少雷击伤亡，保障自己的生命安全呢？

① 如果在室内，要注意关闭门窗，避免侧击雷和球雷

的侵入；不要穿着潮湿的衣服靠近或站在金属材质的东西上，比如倚靠在柱子、墙壁边、门窗边；要立即关掉室内的电视机、收录机、音响、空调等电器，以避免导电；也不要开手机，更不要打手机；打雷时，在房间的正中央较为安全，切忌停留在电灯正下方。

② 外出时遇到雷雨天气，要及时躲避，不要在空旷的野外停留；也不要在山顶或者高丘地带停留；更不能在大树下、电线杆附近躲避，这些地方最容易遭遇雷击危险；也不宜进入棚屋、岗亭等低矮的建筑物，因为这些低矮的建筑物没有防雷设施，而且在旷野中是相对地面较高的突出物，容易引起雷击；也不要行走或站立在空旷的田野里，应尽量躲在低洼处，或者下蹲、头部下俯，尽量降低身体的高度。

③ 在雷雨天气来临时，不要用有金属立柱的雨伞，如果手中有其他导电的物体，比如铁锹，也要迅速抛到远处，否则容易成为雷击的目标。此外，夏季外出或者劳动，最好携带非金属的防雨用具，如塑料雨衣、木柄或塑料柄雨伞，尽量不要使用金属工具。

④ 在旷野中避雷时最好将身上的金属物全部摘下，并放在几米距离之外，比如金属架眼镜、手表、裤带，也要远离其他金属制物体，以免产生导电而被雷电击中。

⑤ 打雷时切忌为了避雨而在雨中狂奔，因为步子大通过身体的跨步电压就大，容易受伤；也不要快速开摩托车、骑自行车，骑得再快也快不过雷电的速度。

⑥ 雷雨天气不要进行室外的球类运动，否则很容易造成群死群伤的严重后果。

第五，怎样躲避龙卷风的进攻。

龙卷风是在极不稳定天气下由空气强烈对流运动而产生的一种伴随着高速旋转的漏斗状云柱的强风涡旋，其中心附近风速可达100～200m/s，最大300m/s，比台风（产生于海上）近中心最大风速大好几倍。

龙卷风多发生在春季，来得十分迅速，破坏力极强。在龙卷风袭来时，怎样有效地保护自己呢？

① 当遇到龙卷风时，不要把门窗关得死死的，这样室内外气压不平衡，很容易被掀掉屋顶，吹倒墙壁。正确的做法是打开门窗，使室内外的气压得到平衡。

② 在室内要面向墙壁，抱头蹲下，或者用枕头等物保护好头部。

③ 如果是在野外遇到龙卷风，不要顺着风的方向移动，要迅速向龙卷风前进的相反方向或侧向躲避。

④ 龙卷风席卷到眼前时，要在相对低洼的地面趴下，紧闭眼睛、嘴巴，注意保护头部，防止被砸伤。

⑤ 如果在公共汽车上遭遇龙卷风，不要逗留在车内，要下车躲避。

"多难兴邦者，涉庶事之艰而知救慎也。"灾难是兴邦还是未必兴邦，取决于一个民族在灾难面前的智慧和勇气。虽然无情的自然灾害有不可抗拒的一面，但我们完全可以发挥自己的主观能动性，减少灾害带来的伤痛。另外，我们要知道，虽然生活中随时可能出现危险，但是我们不能因噎废食，杞人忧天，过着担惊受怕的日子。作为新一代的青年，我们要做到：既要学会预防危险，懂得一些自救的知识，掌握一些自救技能，在危险来临时，采取应急的安全措施，将危害降至最低，同时也要过正常的生活，不轻信谣言，不让对灾害的恐慌成为我们生活的主题。

第四章

孩子，爸妈能帮你纠正习惯，但有一个好习惯受益的是你自己

孩子，播种一种行为，收获一种习惯；播种一种习惯，收获一种性格；播种一种性格，收获一种命运。习惯是在长期的环境中逐渐养成的，习惯对一个人的一生都具有深远的影响。良好的习惯有助于一个人的成功，而坏习惯则会导致一个人失去美好的前途。纵观那些事业有成的人，皆是从小就注意培养良好的习惯。比如喜爱阅读、做事专心、作息有规律、喜欢运动、有礼貌等。

英国著名思想家培根说过："人们的思想大半取决于他们的倾向，他们的言谈话语取决于他们的学识和所吸收的见解。但是他们的行动却遵循平日的习惯。习惯是一种顽强而巨大的力量，它可以主宰人的一生，因此，人从幼年起就应该通过教育培养一种良好的习惯。无疑，幼年时期开始的习惯是最完善的，我们称之为教育。教育其实是一种早期的习惯。"

如果你染上了一些不良习惯，要想改掉，需要花费许多的时间与精力。所以，孩子，养成一个好的习惯是非常重要的。你要从现在开始，从一点一滴的小事做起，逐渐培养自己的良好习惯。

1. 生活不健康，后果很严重

故事导入：

晶晶刚升入初中，学校每天要求上早自习，所以晶晶每天需要起很早去上学。可是这个年纪的孩子正是爱睡懒觉的时候，而且晶晶每天晚上要写作业到10点半，根本适应不了早起的生活。早上总是赖床的直接结果就是没时间吃早饭，又赶上这个年纪的女孩子开始注重自己的身材，于是晶晶打算用早上不吃饭来减肥，以达到一箭双雕的目的，既不用起太早，还可以节食变瘦。久而久之，晶晶就养成了一种不按时吃饭、作息不规律、不锻炼的生活习惯。

可是，一个周一的早上，晶晶又起晚了，周一要举行升旗仪式，如果迟到的话一定会被当众批评甚至处分。她用最快的速度向学校跑去，当她气喘吁吁地到达学校的时候，升旗仪式正好开始。但是由于刚刚跑得过急，没等升旗仪式结束晶晶就在学校的广场上晕倒了。

看到学生突然晕倒，学校马上拨打了120，经过医生的判断，晶晶是由于长期熬夜、不吃早饭、缺乏锻炼，在剧烈活动和长时间的站立之后导致体力不支和血糖不足才晕倒的。晶晶的父母也赶到医院，保证以后会多加注意晶晶的饮食营养，保证会让孩子吃得健健康康。晶晶也反省了自己的做法，并决心改正这种不健康的生活习惯。

孩子心声：

　　并不是我想熬夜，也不是我不想吃饭，更不是不喜欢锻炼，而是没有时间啊！每天每一个老师都要布置那么多的家庭作业，而且家长又要求我们学琴、练书法、绘画、写日记、背诵等，如果我们不完成，在学校要被老师惩罚，在家也要挨骂，所以我们不得不熬夜去完成你们交给我们的任务。正因为如此，早上才不能按时起床。你们大人都天天盼着周末睡个懒觉，更何况我们呢？毕竟我们年纪还小，根本没有那么旺盛的精力。我们只能用不吃饭减肥来安慰自己，虽然知道这样有一些不健康，但是还是没有那么大的自制力去"规律"地生活。

家长回应：

　　爸爸妈妈承认，如今的社会给予了你们更好的条件，同时也赋予了你们更多的任务和压力。有时，看着你们被学习和作业搞得筋疲力尽，爸爸妈妈也会心疼。但是我们宁愿你成绩平平，也不愿意看到你的健康受到影响。所以，我们会反省自己的做法，并向你保证，一切会以你的健康为前提，不给你施加太多的压力；会尊重你的兴趣，不会让你以熬夜的代价去做一些额外的并不喜欢的事情；也不会要求你在睡觉之前背诵外语单词、朗读课文，造成你大脑兴奋，不易入睡；此外，爸爸妈妈也会约束自己，在你学习或者休息的时候，不会带头看电视、玩电脑，更不会让你陪着我们一直看到电视屏幕上显示出"祝您晚安"的字样。

我们给你提供一个充分的休息环境，杜绝这些让你熬夜的外在原因，但是你也要加强自律。要知道，不管是对于爸爸妈妈来说，还是对于你自己来说，有一个健康的身体比什么都重要，这是你最大的财富，也是爸爸妈妈最好的安慰。如果你连自己的健康都不在乎，那么你还有什么资本去学习、去奋斗；如果你自己都不爱自己了，那么你还有什么资格去要求别人爱你、关心你；如果你连自己都照顾不好，爸爸妈妈又怎么指望你将来照顾我们呢？

给孩子的建议：

第一，千万不要小看健康规律的作息习惯的影响力，这对于你的成长和发育是有百利而无一害的。可以给你举个例子，德国古典哲学的创始人康德，是启蒙运动时期最重要的思想家之一，同时，他也是天文学家、星云说的创立者之一。而他之所以能取得这么多的成就，与健康规律的作息习惯是密不可分的。康德的一生就像一个规则的动词，做任何事情都是有条不紊的，他把自己所取得的一切都归功于超级规律的作息。

我们可以看一下康德的作息时间表：他命令仆人每天4：45必须叫他起床，无论他多么想赖床，也必须想方设法把他拖起来；5：00的时候要喝两杯茶，抽一斗烟，备课；7：00~9：00上课；9：00~12：45写作，康德的三大批判都是在这个时间段完成的；12：45待客；13：00~16：00与邀请的朋友共进午餐，议论问题；16：00~17：00出门散步；17：00~22：00看书；22：00~4：45睡觉，据说一到22点，康德马上上床睡觉，而且是一躺下就会进入梦乡。康德每天的作息不仅规律，而且定时定点，他已经成了一个活的"时间表"，甚至有一次康德由于看书忘记了时间，没有出门，街坊邻居还以为是教堂敲错了钟。

虽然爸爸妈妈不能要求你像康德一样，有这么严格的作息时间，但是希望你能把他当作榜样。最起码要保证自己有足够的睡眠，每晚10点之前争取能把一天的事情做完，洗漱完毕就要准备好好休息了；睡前身心的放松很重要，像看电视、电影、一些刺激性的小说，做剧烈的体育运动这样的活动最好不要在睡前进行，这些事情是应该在白天来完成的；在入睡前就不要禁不住诱惑吃夜宵了，还有像浓茶、咖啡、饮料、巧克力等一些容易使大脑兴奋的东西也不利于睡眠，不过当你上课困了的时候倒是可以起到不错的效果；每天最好能早起，偶尔的赖床是可以接受的，但是天天赖床就有点说不过去了。

第二，除了正常作息之外，按时吃饭对身体健康也是很重要的。曾经看过一句话，"如果你经常不按时吃饭，过不了多久就必须按时吃药。"孩子，千万不要为了赶时间或者要减肥而不吃饭，这对身体健康的危害是直接性的。不要以为你还小，一顿不吃没什么大不了的，看看不按时吃饭的害处吧，看完之后也许你就会改变那种幼稚的想法和做法了。

不按时吃饭对胃的影响最大，会引起多种胃部疾病，还会削弱你的抗病能力；时间长了还会引起血糖过低，进而影响脑部活动，甚至引起昏迷、休克；如果一顿饭不吃，那么下一顿饭就可能吃得更多，可能会导致代谢紊乱，升高空腹血糖水平，并延缓胰岛素反应时间，容易引发糖尿病；经常饥不进食，当你感到饥饿时，胃里已经排空，胃液就会对胃黏膜进行"自我消化"，形成"胃自己吃自己"的状况，容易引起胃炎和消化性胃溃疡；不按时吃饭，无法供应足够血糖以供消耗，还会使你感到倦怠、疲劳、精神不振、无法集中精力，反应迟钝，从而影响你的学习和生活；如果你是一个想通过节食减肥的孩子，也要注意了，不按时吃饭不仅不利于减肥，还可能会造成动脉硬化及肥胖，这不是危言耸听，而是有科学根据的。研究表明，不按时吃饭，特别是长期不吃早餐会使胆固醇、脂蛋白沉积于血管内壁，导致血管硬化，而且早餐吃得不好，往往会造成晚餐吃得过多，而晚上我们的活动量减少，新陈代谢速度减慢，会造成脂肪在人体的堆积，长期下去，就会引发肥胖……

第三，健康的身体不是养出来的，而是锻炼出来的。爸爸妈妈虽然希望你重视学习，但是也不希望你变成书呆子，"一心只读圣贤书"，成为风一吹就倒的林黛玉。而且现在体育成绩也是你考试的一部分！你正是活力四射的年纪，处于生长发育和素质发展的敏感期，可塑性很强，这一时期正是你养成自觉锻炼身体习惯的好时机。你要抓住这个时间段，建立对运动的兴趣，每天安排一定的时间，做一些适合自身的运动，养成经常锻炼的生活方式。至于运动的形式最好要多样化，因为如果长时间只进行某一种运动，很容易造成某个相应的部位特别发达，这对于身体的整体协调发展十分不利。所以各种运动要配合进行，比如跑步、投掷、足球、篮球等各种体育项目和体育游戏都要积极参与，双腿既要走、跑也要有屈，身体有蹲也要有展，双臂有伸有振也要有举，以促进身体的全面协调发展。最重要的是你要坚持下去，不仅能强身健体，还能增强活力、提高智力！

总之，孩子，你要学会照顾自己，懂得科学健康地去生活。按时吃饭、积极地锻炼，对你的健康成长是非常重要的，而且养成良好的生活习惯对你的一生都会产生积极的影响。这不仅反映在身体上，也反映在做事的方式和习惯上，你千万不要因为自己还年轻就任意"糟蹋"自己的身体，养成一种拖拉、没有规律的不良生活习惯，影响自己的未来。

2. 你要注重自己的形象

故事导入：

  小刚是一名刚刚升入初中的孩子，已经到了注重自我形象的年纪，但是小刚却丝毫没有这种意识，依然像一个没长大的孩子：衣服脏兮兮的，除非家长强烈要求，否则衣服好几天不换；头发很长了也不知道剪，还以此为美，经常被父母押着去理发馆；不管手上脏不脏，随手拿起零食就往嘴里送；穿着很多洞的牛仔裤去上学，无论怎么教育都不听，妈妈刚给换了一条裤子，第二天放学回家马上变成"洞洞装"；夏天从来不穿袜子出门；大冬天永远只穿一个薄薄的外套……不仅如此，小刚住进宿舍之后，更是惨不忍睹。有一次，妈妈去学校看望他，发现桌子上杯盘狼藉，还留着已经发霉的饭菜，估计是上个星期之前的了；被子也不叠，床上乱七八糟的；床底下更是臭袜子、脏球鞋等横七竖八地堆在一起……小刚的做法经常令家长很头疼，毕竟他已经长大了，应该学会自己照顾自己了。可是，照这样下去，怎么让家长放心呢？更何况，爸爸妈妈想管都管不了，每次督促他去干点什么事，都要磨半天，还口口声声说着："你们别管了，我自己看着办吧！"

孩子心声：

虽然我已经上初中了，但是总感觉爸爸妈妈还把我当作一个小学生，什么事都管，整天唠唠叨叨的，我都快被烦死了。骑车放学回到家，累得半死，想躺一会儿，可妈妈非拽着我要我去洗衣服，还说我长大了要学着自己做，那我就多等几天再洗呗，可是这都不行；好不容易留成F4那样的头发，正自我欣赏呢，就不由分说地被押到了理发馆，我真是无奈啊；回到家看到香香的饭菜忍不住吃了一口，这也得被骂，不就没洗手吗？至于这么大惊小怪吗？不是说不干不净、吃了没病吗；现在流行很多洞的牛仔裤，既然妈妈不给买，那我就自己"制作"，没想到还是被抓个正着；冬天刚到，就一定让我穿厚厚的羽绒服，真是"盛情难却"……好不容易学校安排住宿，我想这下好了，终于可以摆脱爸爸妈妈不停的唠叨了，可是没想到，不放心的妈妈竟然去学校"侦查"，看到我们杂乱的宿舍时，更是摇摇头，把我数落一顿。其实，宿舍又不是我一个人弄的，男孩子嘛，大家都比较"不拘小节"，反正我们高兴不就行了，这点事也和我计较。

家长回应:

爸爸妈妈知道,你正是贪玩的时候,偶尔不注重卫生和形象也是正常的表现,我们有时候对你要求过于严格了一点,没有考虑你的感受,一味地"逼"你去做自己不喜欢的事情,有时甚至脾气上来还会责骂你。我们保证,以后一定会改进这种不良的教育方法,因为我们发现严厉的督促和警告并不能使你乖乖听话,你可能会暂时妥协,但是事后依然我行我素,不爱卫生、懒得洗脸、刷牙、洗澡、洗衣服,我们知道你能听得懂,但就是在和爸爸妈妈较劲,在以这种方式反抗我们的行为。这样很难让你明白我们的良苦用心,只会让你的逆反心理越来越强。

一个人的卫生习惯不是一天两天就能培养起来的,我们会以一种友好、耐心的态度,经常提醒你,不会再像以前一样逼着你去做。

但是你也要好好考虑爸爸妈妈的建议,不要以为个人清洁卫生和个人形象是一件微不足道的小事。你总要走进集体,步入社会,和人交往。在群体中生活,个人形象是一个人精神面容的外在表现,是社会礼仪的根本要求。如果一个人特别不注重个人卫生,衣食住行一塌糊涂,那么他肯定会被大家所排斥,不能融入集体,更谈不上被人尊重了,这样的孩子是不能很好地融入社会的。而且一个健康可爱的孩子无一例外是讲卫生的,而那些经常生病的孩子,在卫生习惯上往往存在着一些问题。所以,注重个人形象是你在涉世之初就要养成的好习惯。

给孩子的建议：

中学阶段是人生观、世界观形成的阶段，是正确的审美观形成的阶段，当然也是一个人形成自我形象的关键时期。所以你应该适度注重自己的形象。注重形象并非强调华丽的衣服、漂亮的发型、贵重的首饰，而是要求你有整齐干净的穿着打扮、高雅的谈吐和个人素质。在现代社会中，每一个人都是相对独立的个体，讲究个人形象，不仅是自身素质的一种展现，对于身边的人而言更是一种尊重和礼貌。没有哪个人会喜欢和谈吐粗鲁、穿着邋遢的人为伴。

不要以为自己还小，对打扮和衣着不用太在意，等长大后自然会注重自己的形象。一个人从小养成的习惯对于他以后的行为规范很重要，如果你小的时候就养成了一种不修边幅的习惯，等到进入社会之后，很难马上纠正这种习惯。

第一，整洁干净是着装的最基本要求，是穿衣的第一要素。整洁的服装能让人更加自信，如果你穿戴不整齐，浑身脏兮兮的，衣服好几天不换，是不会受到大家的喜欢和尊重的，无论走到哪里都会受到别人的冷眼。爸爸妈妈告诉你：穿着不体面、不整洁是没有出息的表现。所以，无论爸爸妈妈是否在你身边，是否督促你，你都要保证自己穿着整齐、干净，养成勤换衣、勤洗衣的习惯，做到每天干干净净出门、整整齐齐回家。如果你学习很累，实在没有时间洗衣服，妈妈可以帮你，但一定不能为了逃避劳动而不注重形象。

第二，对于正在上学的你们来讲，简洁大方也是穿衣打扮应该注意的问题。我们知道你现在这个年纪正是追星、崇拜偶像的年纪，有时会暗自和同学攀比，看到同学们穿一些很有特色的服装也会效仿，有时受到自己偶像的影响，会按照他的穿衣风格来打扮自己。但是穿一些荒诞怪异的服装，或者穿着与自己年龄不相称的雍容华贵的服饰招摇过市并不能显示你的特色和价值，这只是别人的风格，你永远只是一个复制别人的人，而且你的这种举动会给人一种不好的印象，别人看了不舒服，这也会影响你在同学们心中的形象。所以，你要记住，你只是一个学生，不是什么电影明星，也不是公子少爷，更不是社会上的混混。对于一个中学生来说，你的穿衣风格应该符合自己的身份，以朴素大方、简洁高雅为主，如果学校要求穿校服，则应该按照学校的要求，与校园环境和周围的同学们达成一致，不要"另辟蹊径"，为了显示自己的个性，穿一些与校园环境不搭调的服装。

第三，穿衣打扮要适应季节和天气的变化，遵循自然实用的原则。爸爸妈妈知道你爱美，爱潇洒，天不怕地不怕：在冬天为了潇洒不穿外套就出门，为了显瘦不穿毛裤；明明已经秋天了，还穿着夏天的衣服；外面刮风下雨，依然穿着单薄的衣服出门……也许你在当时感觉很过瘾，即使有点冷也不在乎，觉得不会对自身造成什么影响。但是，孩子，你的生命还很长，就算你能享受一时的快感，那么等到你慢慢长大、变老之后，你想过这样的坏习惯会给你的健康埋下什么隐患吗？等到你将来深受其害时再后悔就晚了。所以，当四季更替、天气突变或者乍暖还寒的时候，请你一定要爱护自己的身体，不要经常要风度不要温度。

第四，指甲是藏污纳垢最多的地方，不仅不卫生，而且容易抓伤皮肤，你要养成勤剪指甲的好习惯；另外，要做到勤洗头、勤理发，不要为了效仿别人顶一头"鸡窝"，我们看不出这样很美，而且这种另类的"美"是不会提升你的形象的，也不会让你赢得别人的尊重；你要养成保护鼻道、不抠鼻孔的习惯，保护呼吸道和肺，使身体免得疾病；每天要随身带一块干净手帕，咳嗽和打喷嚏时用手帕掩住口鼻，身边常备纸巾，喉咙有痰时不要随地乱吐，最好是吐在纸上，然后丢在垃圾桶，否则不仅不利于自己的个人卫生，还会给别人带来困扰。

形象专家乔·米查尔曾说："形象如同天气一样，无论是好是坏，别人都能注意到，但却没人告诉你。"而查尔斯·狄更斯也曾说过："无论做什么，保持你的外形。"

孩子，不管你现在的身份是什么，不管你暂时是不是成功者，我们都相信你心中会有一个伟大的理想，会渴望成功，那么为了更接近心中的理想，就要让自己保持一种必胜的姿态，让自己的形象为自己的成功加分。只有自己有成功者的姿态，只有自己看起来像个成功者，才更容易成为真正的成功者。

3. 盲目攀比要不得

故事导入：

曾经看过一个寓言故事：动物们为了规范动物王国的秩序，创建了一所学校，并在学校里开设了各种各样的课程，包括跑步、游泳、爬行、飞行以及跳跃。为了提高动物的整体素质，让他们全面发展，所有的动物学生都必须参加每一项课程。

兔子跑步成绩优异，除了有一次因为轻敌在半途中睡着而败给乌龟之外，它一直在班上名列前茅。但是它看到鸭子游泳那么厉害，心里不服气，拼命地在水里练习，想超过鸭子。不久之后，它的游泳非但没有进步，跑步功能也开始下降，还差点被淹死。

小鸭子在游泳这个项目上表现出色，经常拿第一名。但是在飞行方面，每次都刚刚及格，跑步更是惨不忍睹。于是它打算在自己的弱项上加强训练，一定要比燕子飞得高，比兔子跑得快。它放弃了游泳，持续地练习飞行、跑步。直到它把自己那有蹼的脚都磨破了，还是没有及格。

小猫咪的跳跃功能很强，能一下子跳到很高。但是它仍然这山望着那山高，心想："我跳得再高也要落在地面上，或者落在树上，而那些长着翅膀的动物却能长时间在天空飞行，我一定要把它们比下去！"尽管它一再加强练习，还是无济于事，只要它的脚没有了支撑，就会被摔到地上。

看到这个故事，是不是觉得跟自己很相似？兔子一心想游泳，鸭子一心想跑得快、飞得高，小猫一心想飞行，一味和别人攀比，它们不仅没能比过别人，而且受到了身心的双重打击。

现在的孩子总想和别人攀比，追求自己没有的东西，比如，文具用品一定要买高级的，一旦发现自己的落伍了，即使没坏也要要求父母买新的；买衣服一定要买当红明星代言的名牌，鞋子一定要穿耐克，而且别人有什么自己就一定要买什么；同学过生日，一定要出大手笔买礼物，低于100块钱的东西拿不出手；自己过生日，一定要讲究排场，请同学朋友到星级饭店大吃一顿；看见大家都戴着耳机听MP3，自己即使不听也一定要买一个带到学校；等到MP5流行起来，即使原来的MP3没有听坏，也要马上换一个高档的拿来炫耀；以为父母给自己花钱是天经地义，是应该的，从来不知道挣钱的困难；认为爸爸是个大老板，他的钱是怎么花都花不完的……总之，孩子盲目攀比和炫耀自己，是一种比较常见的不良行为。

孩子心声：

我也知道一味地攀比是不对的，但是你们想一下，这个世界上有谁会完全不在乎别人的说法和眼光，真正地"走自己的路"呢？就连爸爸看到邻居买了车也会羡慕，妈妈看到同学搬入新家也难免在家里念叨几句，老师看到其他班级的成绩比自己班的好也会眼红，更别说还是孩子的我们了。攀比是不好，但是我在这样的环境下长大，根本做不到不和别人比较。如果我什么都比别人差，什么方面都比不过别人，就会让其他同学笑话，他们会指着我说："你怎么那么土呢？"如果别人过生日，其他同学都送上很高档的礼物，而我却拿着一个贺卡、笔记本，那就太掉价了，同学会觉得我和他之间的感情很淡，不把他放在眼里；如果别人过生日都请客吃饭，而只有我无动于衷，大家会说我小气、不合群，那么他们以后再聚餐就不会叫我了，也就不会和我来往了……

所以，为了"不低人一等"，我只有随大溜，和大家一起穿名牌、吃大餐，当我这样做的时候，虚荣心的确得到了满足，虽然事后也会很自责很后悔，但一到关键时刻还是控制不了自己，想着一定要保持自己的"派头"，不能被其他同学瞧不起。而且我们家的生活条件也不见得比别人差很多，为什么别的孩子能享受的爸爸妈妈就不能满足我呢？

家长回应：

首先，我们可以理解你的行为，就像你所说的，攀比也是很正常的心态，每个人都或多或少地有攀比心态，包括我们成年人。但是攀比有很多种，有的人比物质，有的人比学习，有的人比精神，至于哪一种攀比更有意义相信你自己会判断得出来。而且攀比心态的存在是为了激励你去努力，而不是让你盲目地挥霍和浪费。比如，爸爸看到邻居买车就会加倍努力去赚钱，努力让家庭成员生活得更好；妈妈看到同学搬入新家也会更加努力为你营造一个温馨快乐的环境；老师看到自己班级的成绩下降也会更加敬业，争取让你们的成绩有所进步……这样的攀比就是前进的动力，为了达到自己心中的目标而不懈去奋斗、去努力。

孩子，你要知道，攀比本身无可厚非，关键是如何把握自己，在自己力所能及的范围内，依靠自己的力量，争取自己应该得到的，而不是用父母辛苦赚来的血汗钱去挥霍，去显摆，过分追求物质享受，用一些浮华的东西去弥补自己的不足。

不要觉得爸爸妈妈不满足你就代表不爱你，我们也曾经想过：家里就你一个孩子，只要你有需要，爸爸妈妈就算再苦再累也会毫不犹豫地满足你的要求。但是，理智告诉我们：一味地满足你的要求并不是真正地对你好，这样会让你养成一种"贪得无厌"的坏习惯，变得不懂得珍惜和感恩。

其实，全天下的父母都是爱孩子的，我们不能让这种没有原则的爱害了你，让你滋生拜金主义、享乐主义的思想，使你养成讲排场、比阔气的坏习惯，这样的孩子一旦得不到满足，就会产生不健康的心态，甚至去偷去抢，最终导致犯罪。

所以，爸爸妈妈一定要狠下心来，拒绝你的不合理要求，逐渐纠正你的不良习惯，也请你理解爸爸妈妈的良苦用心，自觉约束自己的行为。

给孩子的建议：

现在的生活条件好了，每个人都被爸爸妈妈、爷爷奶奶呵护着，注重自己的穿着打扮也是社会发展的必然。你的某些观念也在一定程度上体现了这个年龄阶段的特点：自我意识增强、虚荣、容易和别人攀比、在意别人的看法……然而，作为学生，如果过于讲究穿着、打扮，一味地追求高档、名牌效应，并不是一件好事，会带给你很多危害：分散你的精力，影响正常的学习和生活；加重父母的经济压力；助长你的虚荣心；使你养成奢侈浪费的坏习惯，严重的甚至会走向歧途……所以，不要以为穿800块以上的旅游鞋，用名牌化妆品，用名牌包，穿最贵的衣服，这样才叫"有派"，才能成为学生中的"贵族"和"富豪"。这只能说明这个人的虚荣，这样，你不仅变成了"势利眼"，还会影响你在同学中的印象，影响你的价值取向，使你变成金钱的奴隶。所以，你要培养自己健康的审美观，克服不良习惯，形成正确的消费观念。

第一，你要树立正确的金钱观，了解金钱的意义。

对待金钱的态度是一个人的人生观、价值观的具体体现。对于很多孩子来讲，由于受社会上不良行为的影响，产生金钱至上的想法，片面地认为金钱是万能的。所以，如果要改正盲目攀比的习惯，就必须了解金钱的意义所在。

金钱确实可以给我们带来很多的物质，幸福的生活离不开金钱，但并不是钱越多就越幸福，我们的生活绝对不是拥有高档的物质就完美的。有一段话是这样说的："金钱能买到床铺，却买不到睡眠；金钱能买到补药，却买不到健康；金钱能买到食物，却买不到胃口；金钱能买到书籍，却买不到知识；金钱能买到钟表，却买不到时间。"所以，生活中不能缺少钱，但是如果把钱看得太重，就会被金钱所累，成为金钱的奴隶。你要牢记钱只要够用就行，我们应该追求自我价值的最大化，无论贫富都要当精神上的富有者。而且，对于你这么大的孩子来讲，金钱只象征着你所在的家庭的财富，并不能代表你的成功和身份，就算你出生在一个家财万贯的家庭，那也是父母的劳动创造的，和你并没有多大的关系，只是你在成长过程中被赐予的一种资源，你要做的不是伸手索取，而是感恩和知足。

第二，你要体会和理解父母的艰难和辛苦。

很多孩子不断地要求名牌，不停地和同学攀比，就是因为不能理解父母的不易。不要以为爸爸妈妈的钱是天上掉下来的，这是他们辛苦工作好不容易挣到的，你平时可以看看爸爸妈妈的工作环境，看看父母是怎样辛苦工作的，体会父母工作的不易。也可以去市场走走，看看我们穿的衣服多少钱、我们家里用的电器多少钱，需要家长工作多久才能挣到……这样，你就不会认为随随便便买一件名牌衣服是无所谓的事情，请同学大吃一顿也是小菜一碟了。

菲菲刚刚升入初中，在学校一直穿校服，有一次，想让妈妈带自己去买一些衣服，周末和假期的时候穿。

这个要求并不过分，妈妈爽快地答应了。

可是没想到，菲菲没去那些专门卖衣服的商场，而是专拉着妈妈往名牌店跑，一问价钱，妈妈吓一跳，一双鞋子就要400多。妈妈想带着菲菲去旁边的商厦转转，看有没有她喜欢的，但菲菲就是不肯，一定要买名牌鞋、名牌衣服，说商场里面的衣服掉价，让人看不起。妈妈没办法，只好说自己身上没那么多钱，可菲菲坚持说妈妈的钱包里有钱，妈妈把钱包拿出来给她看，她竟然说银行有钱。大概在菲菲的眼中，银行就是自己家的，可以随便取钱。

妈妈没想到一个小小的初中生，竟然这么爱慕虚荣。要知道，菲菲的家庭条件并不是太好，这几件衣服加起来，就等于妈妈一个月的工资了。

你要明白，爸爸妈妈挣钱很辛苦，你今天的幸福生活是来之不易的，你要好好学习，将来用自己的双手创造财富，那时候的金钱对你而言才是有价值的。

第三，你要克服自己的虚荣，不要追求自己得不到的东西。

造成盲目攀比的罪魁祸首就是自己的虚荣心。虚荣心较大的人，为了夸大自己，往往采取夸张、欺骗、忌妒、攀比甚至犯罪等手段，去追求一些华而不实东西，盲目攀比。这对个人成长及社会都是极其有害的，所以，克制自己的虚荣心很有必要。

自尊心不可失去，但是不能过分地追求面子，"打肿脸充胖子"，使自己的人格受到扭曲。你要知道，"尺有所短，寸有所长"，没有一无是处的人，也没有十全十美的人，每个人都有自己擅长的地方，也都有自己不如别人的地方。你要学会扬长避短，回避自己的劣势，发现自己的强项并把它放大做强，努力把长处锻炼成为一技之长，只有这样，你才能发挥自己的优势，提高自我价值感。

第四，攀比虽然有很多坏处，但是任何事物都有两面性，如果你换一个角度看问题，就会发现，攀比和好强如果运用得当，也会对你的学习和生活起到积极作用。

从攀比的心理特点来看，这是一种攀高的心理，即向上比，而不是向下比。每个人都有更高的追求和向往，这是一种好的愿望，并不是没有好处的，但关键是不能盲目攀比，不论是生活、学习还是工作，想超过别人是好事，但把握"尺度"最重要，不能盲目地追求物质享受，和同学们比吃比穿，更不能拿自己的短处和别人的长处比。

你要及时调整自己的心态，从多角度、多方面认识问题，和别人进行积极的比较，从而激励自己不断进步。

如果你是一个和别人比吃比穿的孩子，那就要转移自己的注意力，把好强用在学习成绩上，提高自己的价值，这样才会得到大家的尊重。

如果你是一个十分优秀的孩子，那么就要不断超越自己，让自己更强，不要看到别人超过自己就不爽，也不要否定别人的能力。这样只会使自己的人格降低，无论你多么优秀，也无法得到别人的认同，更何况，你一定是有地方不如别人的。

总之，你要养成一种积极健康的习惯，在"攀比"中和大家齐头并进，努力提高自己的能力，看到比自己差的同学要帮助而不是嘲笑，看到比自己强的同学是羡慕而不是忌妒，那么，你就是一个受欢迎的人。

4. 网络不是你堕落的理由

电脑，是社会发展的产物和标志，在某些人眼中也是引导孩子走向歧途的罪魁祸首；网吧，是每一个孩子心中的"乐园"，也是令家长谈之色变的话题；网络给人们的学习、生活和工作都带来了极大的方便，同时也带来了很多的负面影响……

故事导入：

晓明曾经是一个很优秀的小男孩，从小就很聪明，学习成绩一直名列前茅。但是越是聪明就越贪玩，随着年龄的增长，晓明迷恋上了网络游戏，学习成绩一落千丈。

家长很发愁："给他买电脑是想让他多学点东西，没想到却成了电子游戏机，玩起游戏就没完没了，甚至到了废寝忘食的地步，经常熬到很晚不睡觉，想管都管不了，真不知如何是好。而且听说网上有很多不健康的东西，真怕孩子会误入歧途。"无奈之下，父母怕他沉迷于网络游戏，耽误自己的美好前程，便给晓明制订了严格的纪律，规定他晚上放学后必须准时回家，不许去网吧，回到家之后不准再玩游戏，而且准备延长网络宽带的计划也就此搁浅了。

孩子心声：

我觉得爸爸妈妈一点也不理解我，在学校的学习压力实在太大了，我真的很累，很需要放松，只有在玩的时候我才能忘记一些不开心的事情，才能享受一点快乐。而且现在电脑普及这么快，我身边的同学没有一个不玩电脑的，更何况，我们学校还有电子信息课，会考也是一门考试科目，真搞不懂爸爸妈妈是怎么想的！难道我成为电脑白痴他们就得偿所愿了？谁说我玩电脑就会影响学习了，我玩的那些电脑游戏，像三国之类的都和历史有关，而且玩游戏还能提高一个人的思维能力和反应能力，这是有科学依据的。适当地限制一下不就得了，还一定要因噎废食啊？如果当同学们提起电脑、提起一些热门游戏的时候，我就像个白痴，还怎么抬得起头啊？

家长回应：

如今电脑、网络的普及是势不可当的，而且任何事物都有其两面性。尽管网络让很多人喜中带忧，但是在当今社会，上网已成为我们生活的一部分，对我们更好地学习和工作也产生了极大的作用。所以，孩子，我们了解电脑的用途与好处，我们也知道这是一个网络时代，拒绝让你接触网络是一件很愚蠢的事情，我们不会违背时代的规律和潮流，也不会为了阻止你玩电脑而让你在和同学谈到电脑方面的话题时插不上嘴，更不会用这种极端的方式来压制你，怕影响你的学习，因为我们懂得因噎废食的荒谬。每年都有很多儿童被电器所伤，但是我们并不能让你因此而终止用电；每年也有很多孩子出车祸，但是我们也不能因此就把你锁在家里……电脑本身也是你要学习的一部分，如果你不会用电脑，也就成了一个另类。

爸爸妈妈理解你学习的辛苦，理解你需要放松和减压的正常需求，也想给你一个无忧无虑的成长空间，不会想方设法剥夺你的快乐。

但是，孩子，我们之所以不反对你，不简单地拒绝你，是因为相信你，相信你有明辨是非的能力，相信你有控制自己行为的能力，相信你可以很好地处理学习和网络之间的关系……这并不代表我们会对你放任自流，如果我们发现这种信任是不可靠的，如果你让我们和老师感到失望，如果你因为痴迷于电脑而荒废了学业，如果你得寸进尺忘记了最初的追求目标，如果你不能抵挡不健康内容的诱惑和侵蚀，如果你的智慧和能力不能解决自己对网络的渴求与网络对你的危害之间的矛盾，那么请不要怪我们对你管教过严，也不要埋怨我们过于干涉你的自由，剥夺你的乐趣，自由是建立在自觉的基础之上的，如果你不对自己的人生负责，那爸爸妈妈就会充分地履行起这个责任。

如果你是一个有思想、有良心、有正义感、有责任心的孩子，希望你能认真地考虑下面的意见，不要辜负爸爸妈妈的信任，不要让自己的父母陷入"管孩子是限制""不管孩子是放任"的尴尬境地。

给孩子的建议：

首先，我们知道现在是科技信息时代，互联网对于提高你的综合能力、综合素质具有不可替代的作用。善用网络可以开阔视野，提高你的学习能力和动手能力，比如在假期，如果在学习上遇到不懂的问题，而爸爸、妈妈、老师又都不在你身边，你可以通过上网查询有关资料，或者是在论坛里向别人咨询，尽快解决难题。而且青少年时期是掌握网络技能的最佳时期，如果掌握得好，对于培养你对电脑乃至高科技的兴趣都有举足轻重的作用。不让你碰电脑是不可能的，这样也不利于你今后的发展。

所以，孩子，爸爸妈妈不是不明事理的父母，不会盲目地堵网，更不会为了不让你沉迷于网络而扼杀你学习电脑、使用电脑的权利。相反，爸爸妈妈会提供充分的条件，让你毫无顾忌地去学习、去探索，我们还会让你参加各种培训教育，使你更加熟练地了解并使用网络，让你利用网络来查阅有用的信息以及阅读新闻、学习功课等。如果你从来不接触电脑、不玩电脑，爸爸妈妈不仅不会支持你，反而会适当引导你去正确使用电脑，不会让你一直沉浸在自己的小世界里，这样就算你的学习再刻苦、成绩再好，也无法弥补缺少电脑知识带来的缺憾，你就会与整个社会的发展格格不入。

其次，除了支持你利用电脑学习之外，爸爸妈妈也会给你一定的自主时间来上网。因为我们知道，经过一段时期紧张忙碌的学习，你比谁都需要减压和排遣，你需要有一段时间来放松，而放松的途径之一就是在网上自由惬意地遨游，这是能真正让你放松而且能在娱乐中学到知识的场所。不管你是需要浏览一些新闻来了解一些社会中的重大事件，还是需要玩儿网络中那些益智的游戏来排遣压力、锻炼创造力，爸爸妈妈都能理解你、支持你。但是你也不能无视爸爸妈妈的引导，我们有权利保证你在一个良好的环境和心态下去玩儿，我们也有义务约束你玩儿的时间和次数。所以，希望你在玩儿的时候可以征求我们的意见，也最好能按时下机，我们对你加以适当的限制不是剥夺你的自由，而是为了让你更好地成长。

最后，不可否认，我们每个人都无法抵挡网络世界的精彩和神奇，连大人都无法抗拒这种诱惑，更别说还是孩子的你了。而且网络世界鱼龙混杂，有些不健康网站宣传黄色、暴力等内容，很多孩子一接触电脑，便会深陷其中，尤其是一些自控能力差的孩子，因为网络误入歧途的不胜枚举。

2005年，网络十大不文明行为征集与评选活动投票，评选出了网络的十大不文明行为，包括：炒做色情、暴力、怪异等低俗内容;论坛、聊天室侮辱、谩骂;网络色情聊天;窥探、传播他人隐私……

很多不法分子借助网络的虚拟化，把其当作犯罪的工具，利用网上聊天搞恶作剧，欺骗感情，进行敲诈勒索;或者以网友见面的理由绑架报复，骗财骗色。与网络有关的诈骗犯罪和色情暴力犯罪，成了新的犯罪倾向。据悉，由于嗜网成瘾而造成的放弃学业、坑蒙拐骗、变卖家财、暴力行为等案例急剧上升。青少年沉迷网络有年龄变小化趋势，当中最小的10岁就开始打网游，甚至有很多大学毕业生也为摆脱不了网瘾而苦恼。"网瘾"的覆盖范围和影响力已经超过早恋、吸食毒品等，成为青少年问题的"头号杀手"之一。 一个个孩子痴迷网上聊天，一个个少男少女通宵达旦玩网络游戏。"问题孩子"急剧增加，青少年暴力犯罪、性犯罪不断上升；网络犯罪、吸毒也在扶摇直上，这不得不令家长为孩子捏一把冷汗。

不仅如此，沉迷于网络对健康的危害也是巨大的。在广州市曾经发生过这样一个案例：晚上7点钟，一名十几岁的少年突然死亡，经过法医鉴定，没有发现可疑情况，原来这位少年的猝死竟然是沉迷于上网的结果。

事发前一天的早上，这名少年起床便在自己的住处上网、打游戏，连吃饭也没有顾上。等到第二天晚上要去取一台电视机，才放下手中的游戏，起身前往电视维修处。可是由于玩电脑时间过长，在楼下便晕了过去，经过抢救也没能挽回这条鲜活的生命。

可见，爸爸妈妈的担忧不是没有道理的，我们不怕你使用电脑，我们怕的是网络中那些不健康内容侵蚀你的心理，毒害你的心灵；我们怕的是你抵挡不住网络世界的诱惑，长期沉湎其中会影响学习、荒废学业；我们怕的是你长期坐在电脑前会引起视力下降、头晕乏力、反应迟钝等症状，影响你的身体健康；我们怕的是你交友不慎，会使自己受到伤害；我们怕的是你由此走上犯罪道路，把自己的一生都毁了……

这绝对不是危言耸听，爸爸妈妈也不是在杞人忧天，网络中那些不健康内容对你的毒害是潜移默化的，我们所害怕的已经在很多孩子身上发生了，我们不希望下一个孩子就是你。所以，你应该认识到沉湎于网络的害处，自觉遵守网络道德规范，养成良好的上网习惯；你要有辨别是非的能力，提高思考能力，增强道德判断能力，安排好上网时间，把更多的精力用来关注网络上真正有价值的信息，避免浏览不良信息，尽量少玩游戏；爸爸妈妈会尽量给你提供充分的条件，让你在家中使用互联网。如果没有这个条件，爸爸妈妈也会尽量陪着你，希望你不要进入社会中的黑网吧，尤其是不要肆无忌惮、通宵达旦地泡网吧、打游戏，也不要沉迷于网络聊天和交友，要知道，网络世界中的很多内容都是虚假的，你要学会自我保护。

　　网络是把"双刃剑"，迷恋上网对于你们的身心健康确实具有不可低估的负面影响，你不要被网络迷乱了心智，但也不用把网络看成洪水猛兽，"谈网色变"，你要认真对待爸爸妈妈的疏导和教育，和爸爸妈妈一起掌握好事情的规律，趋利避害，正确认识和发挥网络的积极作用，利用网络来提高自己的综合能力和综合素质，自觉屏蔽其不良影响，不断提高自身"免疫力"，防患于未然。如果你不小心染上了网瘾，也请相信爸爸妈妈都不会歧视你、放弃你，也不会对你绝望，无论怎样，我们都会帮助你分析原因、脱离网瘾，让你成为电脑的主人而不是奴隶。

5. 心灵美才是真的美

故事导入：

在日常生活中，经常可以看到一些这样的孩子：他们虽然才上中学，却把自己打扮得花里胡哨，穿上不符合自己年龄的服饰、画上浓浓的妆容，模仿一些大人或者偶像的打扮，并以此为美。

不仅如此，他们还不懂得与人交往的礼节，常常在公共场合大声喧哗；家里来了客人也不知道礼貌地说话；接电话的时候上来就问："找谁啊！"不懂得使用礼貌用语，没等别人说完话就私自把电话挂断；和别人交谈时，不懂得倾听，只知道一个人喋喋不休，或者经常不分轻重地插话；不懂得轻重，经常说一些得罪人的话；也有的人刨根问底地追究别人的隐私；还有的孩子不讲社会公德，经常为了自己"干净"而乱扔垃圾、随地吐痰；只顾自己享受，没有爱心，不懂得帮助别人，在公交车上从来不知道给别人让座；甚至有的孩子沾染了社会上的一些不良行为，满口脏话、惹是生非……

孩子心声：

真搞不懂家长怎么想的，一会儿教育我们要重视自己的外在形象，一会儿又嫌我们注重修饰。你们不是说要想让别人看着舒服、让别人尊重自己就要打扮自己吗？可为什么我一注重自己的打扮，你们就会站出来指责呢？"现在的任务是学习，你怎么就知道打扮？"我如果不打扮，你们又会唠叨："上中学了，要注意自己的形象。"真是无语。

而且你们总是把我的打扮和我的某些行为放在一起说，这有什么必然的联系吗？谁说那些朴素的孩子行为举止就有礼貌了？再说，我也没觉得自己有什么不对啊，为什么在你们那里就是做什么错什么呢？来了客人说话是错，不说话也挨训；接电话的时候还必须跟人客套，那又不是别人，是我的好朋友，难道一定要把你们那套虚伪的社交礼仪用在我身上；我和别人交谈时不说话，你们说我内向，让我锻炼自己的口才，我说话又嫌我没礼貌；说真话就是得罪人；随地吐痰的毛病又不是我自己才有的，我还看见爸爸这样做过呢；在公交车上不是说要给老人和孩子让座吗？我就是孩子，还要给谁让？我是男孩子，偶尔说一些无伤大雅的脏话，也是正常的，你们就不要小题大做了……

家长回应：

　　爱美之心人皆有之，你正处于青春发育期，爱打扮也是一种正常的心理，而且适度的打扮，能给人漂亮、大方、舒适的感觉，对你的身心健康发展有益，也符合着装礼仪的基本要求。我们从来不会反对你注重自己的形象，但是什么都要遵循适度的原则，你不要以为穿上华丽的服饰、化上浓浓的妆容就代表美丽漂亮，你还只是一个孩子，成人的打扮穿着是不符合你的年龄的，你的魅力就在于"天然去雕饰"，自然、健康、活泼是一个人的天性，如果你失去了这种天性，再怎么打扮也体现不出活力和激情。

　　我们之所以把外在美和内在的行为举止放在一起来说，就是要让你明白：心灵美才是真的美！外在美多倚重于穿着打扮，容貌身材；内在美则多表现为风度气质，胸襟素养。人的美并不在于他的外貌、衣服和发式，而在于他自身的修养，在于他的内心，要是没有内在美，我们往往会讨厌他漂亮的外表。柏拉图在《理想国》中有这样一句话："当美的灵魂与美的外表和谐地融为一体，人们就会看到，这是世上最完善的美。"有的人穿金戴银却显得俗不可耐，有的人淡妆素裹，却显得仪态万千，可见美丽不只依靠外表，由内心深处散发的美才是永久的。喜欢打扮也是可以的，但前提必须是提高自己的内涵，只注重外在的美丽而忽视内在的话，只会让自己流于表面的俗气，不会受到尊重，只有把美的形貌与美的德行结合起来，才能折射出迷人的光芒。

给孩子的建议：

修养是指一个人的品质、道德、气质。一个有修养的人，不仅有志气，而且能拼搏；不仅热爱事业，而且热爱生活，积极上进；不仅有着高尚的道德和情趣，丰富的阅历，而且有着百折不挠的意志和奋斗开拓的精神。所以，你一定要提高自己的修养和气质，不要把礼貌和修养看成是繁文缛节，也不要觉得那是虚伪的客套，更不要觉得社交礼仪是成年人的事情，与你没有关系。

你来到这个世界，就等于陷入了网状的人际关系中，虽然你小时候不会参加正式的社交活动，但肯定要在和别人的交往中才能成长，而且你最终要走向社会，成为一个"社会人"，受到社会的约束，这就要求你必须具备一些与人交往的社交礼仪，懂得文明礼貌，遵守社会公德。这是融入社会的一项基本要求，对你良好行为习惯的养成、道德素质的全面提高，以及你今后的社会生活都将产生巨大影响，有助于你人格的成熟和发展，否则你便无法正常地与人沟通、合作，更无法融入这个社会。任何一个人做出违背社会公德的事情，都会遭到社会的唾弃，不遵守社会公德的人，个人形象也是非常差的。

第一，你要做一个懂礼貌的孩子，使用礼貌用语来与人交流，表达对别人的尊敬和喜爱。

讲礼貌是人的基本素质之一，它在我们的生活当中起着很大的作用。不要以为见面问好是多余的，当你问候别人并给别人带来快乐时，那么你也能收到别人的祝福，你也能感到快乐和满足。每个人都喜欢有礼貌的人，你肯定也很在意别人对你是否有礼貌。

语言是一门艺术，也是社交礼仪的重要组成部分。在和人打交道的过程中，要懂得一些必要的礼貌用语和敬语，这是对人最起码的尊重，比如"请""谢谢""不客气""对不起""行吗"等，只有这样，你才会获得同等的尊重，大家才会尽可能地考虑你的要求。

在和别人打招呼时，一定要真诚，注意时间、场合和方式，如果你的语言和表情漫不经心，只是勉强问候，这种态度就会使对方感到不快；而如果你以开朗的表情和热情的态度问候别人，对方就会自然而然地感受到你对他的好意；如果对方正有什么伤心事，你在问候时却不分场合地开一些轻率的玩笑，对方就会把你看成随便的人，并离你而去；如果你遇到了自己不喜欢的人，也保持着风度和礼貌，真心去对待，那么你们之间的隔阂就会减少，你们的关系也会得到改善。

第二，你要懂得忍让，遵守社会秩序，更好地与别人合作。

忍让、轮流、先来后到、遵守秩序是社会中最基本的规则，你要懂得这些道理，无论在哪里，都要遵守一定的秩序。杜绝任意插队、横穿马路等不良社会行为；不要任意抢占别人的位置、不闯红灯、走路右行；坐公交车时不要挤在最前面，也不要和别人抢座位，而且要主动把座位让给需要帮助的人；不管是去游乐场还是去公园，都要遵守秩序，不能挤在别人前面；在学校的餐厅打饭或者打水也要自觉排队，不能直接冲到最前面……

如果你投机取巧，虽然能占得一时的便宜，但你肯定会蒙受不良行为的污点，并深受其害。

第三，做任何事情都要在不损害别人利益的前提下进行，不能做损人利己的事情，当你做错事或者有意无意地妨碍到别人时，要诚恳地向对方道歉。

当然，最重要的不只是道歉，也不是说"对不起"这三个字。说了"对不起"，并不能和你所犯的错误相抵，你还要弥补因自己错误造成的影响，比如打碎了别人的玻璃要赔偿；弄丢了别人的东西要找回来……如果你只是随口说出一声"对不起"，然后还是我行我素，那你就忽视了这三个字的真正意思，只是在敷衍和逃避，并没有诚意，这就失去了道歉的意义与价值。

你要建立辨别是非的能力，明白自己错在哪里，知道给别人带来了什么困扰，以后做事情的时候要站在对方的角度，体验别人的感受，不要等到事后才意识到自己的错误。

第四，不要任意打断别人的谈话。很多孩子总是在别人说话的时候随便插嘴，任意打断别人的谈话，这是和别人交往中最忌讳的。

佳佳特别会说话，也非常爱表现自己，经常纠正大人说话的"漏洞"，不分场合，常常令家长很尴尬。这还不算，她在上课的时候，经常打断老师的讲课，乱插嘴，有一个老师普通话不太标准，佳佳在一节课上面三番五次地打断老师的讲课，纠正老师的普通话，让老师很尴尬。

这是一种很不礼貌的行为，我们并不是不让你发言，而是什么时候都要遵循先来后到的原则，如果你有什么意见和不同想法，那么要等到别人说完之后再提出自己的看法，这才是懂礼貌的表现。而且任意打断别人不仅会让自己不能领会对方的意思，还会受到大家的鄙视。尤其是在课堂上更是如此，如果你有什么意见可以在私下和老师交流，不要在课堂上扰乱秩序，这样会影响别人听课，也让老师很尴尬。而且，你要做到严于律己，宽以待人，有一定的包容力，很多时候理解比挑剔更重要，不要对别人要求过高，吹毛求疵，这样只会令别人反感。

第五，当客人来到家或者去别人家做客，要学会和别人问好，不要一声不吭。

首先要在日常生活中养成这种习惯，进出门都要和大人打招呼，出门时要说："爸爸妈妈，我出去了，再见！"回到家要说："我回来了"；遇到老师要打招呼，和同学之间要相互问好；客人来访要懂得一些待客之道，比如给客人倒倒茶、摆摆水果；去别人家做客要大方地问好，礼貌回答别人提出的问题，没经过别人允许不要随便动人家的东西等。

第六，公德心是温暖社会的良心，是对社会的责任心，是日常生活中必须养成的行为规范，要求每个人在做事的时候先考虑大众的利益，不要做一些损人利己的事情，给别人带来麻烦。

小米是个调皮捣蛋的孩子，爱吃零食，而且吃完之后不管是哪儿就随手一扔。有一次，妈妈和他出去玩的时候，给他买了很多香蕉，没想到小米对不远处的垃圾箱视而不见，吃完后就随手扔在了马路上。

妈妈让小米把香蕉皮捡起来，带着他扔进垃圾箱里。

然后，妈妈又耐心地给他讲了一个故事：有一个美丽又懂事的小女孩，心地善良，总是默默地帮助别人。有一次，她在外面玩的时候，看见马路上有别人吃完扔下的食品袋，女孩拾起来，走向马路对面的垃圾箱。

妈妈面带微笑地看着自己的女儿走过去，可是没想到的是，一辆闯红灯的汽车飞奔过来，小女孩像一只蝴蝶一样飞走了。

她的妈妈失去了心爱的女儿，变得神志不清。每天只知道在路上捡别人丢下的垃圾。

可是如果不是那个乱扔垃圾的人，如果没有那个乱闯红灯的司机，小女孩根本就不会死，她会和妈妈在一起幸福地生活；她的妈妈也不会疯，而是会看着自己的女儿长大成人。

听了这个故事，小米的眼里泛着泪光。他说："妈妈，我知道错了。我保证以后再也不乱扔垃圾了，而且一定会多做好事，捡起别人扔下的垃圾，避免有人受到伤害。"

可见，不遵守社会公德对社会以及他人的危害很严重。公德心的培养离不开习惯的作用，什么事情一旦形成习惯，就会慢慢地渗透到日常生活中。

在生活中，要从点滴小事做起，爱护公共财物、讲究文明卫生、不随地吐痰、不乱扔垃圾，不在公共场所喧哗，不采摘花朵，不打人骂人，要对自己的行为负责，为自己的错误负责。

第七，你要积极参加学校和社会团体举办的公益活动，比如，帮助清洁工清扫垃圾，为没有劳动能力的孤寡老人扫雪，主动为街道除雪，参加"你丢我捡""爱绿护绿"等社会活动。这些活动会让你懂得帮助别人的意义，感受帮助别人的快乐，当你看到自己的举手之劳能给别人带来很大方便时，就会产生很大的满足感，从而强化自己的这种行为。相信这种习惯会让你的一生受益无穷。

6. 专心才能做大事

故事导入：

小磊是一个既能玩儿又能学的男孩子，很多同学感觉他平时也没有那么用功和刻苦，但是学习成绩一直名列前茅。于是，大家都夸他头脑聪明、智商高，可实际上，小磊之所以不费吹灰之力就能取得好成绩，并不是因为他的智商比别人高，而在于他的专心。

小时候，他也是一个贪玩的孩子，每天放学回家就想着跑出去玩儿，到很晚才回家，往往造成作业写不完被老师批评的结果。后来，妈妈就要求他把作业写完才能出去。为了争取较多的玩耍时间，小磊在做功课的时候就学会了专心致志、集中精力，因此他总能在很短的时间内完成作业任务，这样他就能完全支配自己的时间，然后痛痛快快地去玩儿，不管他是看电视还是下棋，或者是出去打篮球，妈妈都不会限制他。

小磊之所以能把玩儿和学习兼顾，正是他做事一心一意的结果。

但是也有很多孩子做事喜欢拖拖拉拉，一点也不专心，不能很好地把一件事情做完。比如，本来在写作文，可作文还没写完，又放下去做数学题；刚做了两道数学题，又去背英语单词；而且写作业的时候半小时能站起来5次，一会儿打开电视看动画片开始了没有，一会儿又去冰箱里拿冰淇淋吃，要不就是坐在那儿发呆或者摆弄笔、玩具什么的；甚至有的孩子穿衣、洗漱、吃饭都磨蹭半天，画画、做游戏也是慢得出奇，就连周末和别人出去玩儿也要让同学等半天……

孩子心声：

爸爸妈妈总是喜欢拿我和那些学习好、效率高的同学来比较，认为别人能做到的事情我也理所当然地应该做到，可是你们却没有想过，其他父母做到的你们做到了吗？故事中的小磊做完功课就会完全自己支配自己的时间，无论他想玩儿什么，家长都不会阻止。可是，我的爸爸妈妈却把我所有的时间分配得满满的，总是给我布置一些额外的任务，当我完成了老师布置的作业之后，会让我读英语，读完英语又训练我弹钢琴……总之，只要我有空闲的时间，爸爸妈妈就会给我安排不同的任务，剥夺我玩儿的权利。既然如此，我为什么要让自己这么累呢？我只有边写边玩儿，才能为自己争夺一些自由的时间，反正就算我把作业写完也有其他的事情，只有学校的作业完不成的情况下，爸爸妈妈才会手下留情，不会另外安排任务。所以，不要经常抱怨我们做作业的时间长，我们并不是写作业的机器，我们喜欢玩儿、喜欢做一些自己感兴趣的事，我们已经把很多的时间交给了学校、交给了写作业，我们也需要自己安排自己的时间，哪怕只是一会儿。

而且有时候，我做事不专心是因为我对所做的事情不感兴趣，或者是因为难度大、不熟练，没有信心，可是爸爸妈妈从来不理解我，在一旁盯着我写作业，而且不停地催促，甚至加大嗓门喊，听到他们在一旁催，我就会紧张，一紧张就容易出错，这样怎么能使我专心学习呢？

另外，爸爸妈妈用这种标准来要求我，可他们做得也没有多好啊！比如，边吃饭边看电视；做着饭就去和人聊天，结果把饭煮煳了……就算我做事不专心，也是遗传。

家长回应：

首先，爸爸妈妈向你保证，一定严格要求自己，养成做事专心的好习惯，给你树立一个好的榜样，让你以我们为荣。而且如果你能改掉三心二意、磨蹭拖拉的毛病，爸爸妈妈肯定会给你一定的自由，让你支配自己的时间，去做自己喜欢做的事情，或玩耍，或游戏，或看电视，或读课外书等，我们都不会干涉。

另外，我们会尽量为你提供一个无干扰的学习环境，不会在一旁催促你，当你做得不够好时，我们也会理解你，而不是对你大呼小叫。

但是，你也要理解我们，爸爸妈妈一定是为了你好，养成专心的习惯会让你受益终生，不仅可以提高你做事的效率，还有助于你将来的成功。

给孩子的建议：

大凡有成就的人都有一个共同的特征：那就是专心，无论做什么事情都能保持高度的注意力。

我国古代著名的书法家王羲之在写字时，全神贯注。午饭时，书童把饼子和蒜泥送来给他吃。过后，发现他满嘴是墨，还不住地夸奖蒜泥好吃，原来他用饼子蘸着墨汁吃下去了。正是王羲之在研究书法时这种专心致志的态度，才成为被后人仰慕的"书圣"；居里夫人从小就有惊人的专注力，她在学习时非常专心，无论任何干扰都不能影响她，都无法转移她的注意力。一次，她正在专注地看书，周围的朋友们用几把椅子拼成一个塔，将她罩在里边，她居然都没有察觉。

19世纪最伟大的德国数学家高斯，从小就非常勤奋。由于家里没有钱，到了晚上，他便把一个大萝卜挖个窝，塞进一块油脂，插上灯芯，做成一盏小油灯，然后他就在微弱的光线中继续研究，直到深夜。而且在上学期间，他还写了许多"数学日记"，记录自己在解题时的新发现和新解法等。后来，18岁的高斯来到著名的哥廷根大学攻读数学，很快就成为数学界的一颗新星。

有人曾问过他："你为什么在数学上能有那么多的发现？"高斯回答说："假如别人和我一样专心和持久地思考数学真理，他也会有同样的发现。"

可见，专心的确是成功的重要因素。很多的事例都告诉我们，只有专心才能做好一件事，才能有更多的机会成功。你一定要培养自己专心的习惯，集中精力做事。

第一，你要懂得时间的珍贵，充分利用时间，善于抓紧时间做事。

数学家华罗庚说过："成功的人无一不是利用时间的能手。"要想充分利用每一分每一秒，就要提高做事的效率，剔除浪费时间的事情，尽量少做或是不做没有意义的事情，做到花尽量少的时间，完成尽量多的事情。比如，在平时要把自己的生活与学习用品摆放整齐，不要摆得杂乱无章，把时间浪费在盲目地找东西上面；在回家等车的时候就可以把在学校里学的东西在头脑中回顾一遍，节省回家写作业看书的时间。

第二，你要想做到专心、不磨蹭，就要遵守作息规律，选择合适的时间做合适的事情。

每个人都有自己的生活规律，即生物钟，你要重视自己的这种规律，更好地提高做事效率。比如，当体力充沛、头脑清醒时，可以做费脑力和体力的事情；当脑子疲惫时，可以适当帮助家长做一些家务劳动，使大脑得到充分的休息；如果是很重要的事情最好要选择一个好的时间段，集中精力，一气呵成，不要拖拖拉拉，导致前功尽弃；对于一些零散的问题最好集中起来做，不要左一件事、右一件事，使自己不能集中精神；对于一些需要坚持很长时间才能完成的任务，要循序渐进，慢慢来，不要性急，想一口吃个胖子；对于一些急需解决的问题，你可以采取倒计时的办法，制定一定的计划，督促自己完成。

第三，有时，为了集中精力做事，你要在衡量自己能力和水平的前提下，给自己规定完成时间。

很多孩子没有时间观念，做事时三心二意，不能专注于一件事，甚至边玩儿边干，这是最浪费时间的。你要明白：做事就是做事，玩儿就是玩儿，而且事情要一件一件去做，不可一心二用。你要懂得始终如一的重要性，养成做事有头有尾，善始善终的习惯。一旦养成了这种习惯，你就会发现自己在一定的时间内也可以完成很多以前完不成的任务，以后再做事情就不会出现手忙脚乱、被动应付的局面，反而会觉得时间比较充裕，并取得事半功倍的效果。

第四，有时，你做事不专心可能是由于自己缺乏一定的生活技能，缺乏动手能力，那么你就要适当地进行一些训练来锻炼自己的动手能力，改变自己不专心、做事慢的习惯。比如，你可以对自己进行一分钟专项的写字、做题训练，看看自己一分钟之内到底能做多少事情，这个训练可以帮助你认识到时间的宝贵，最大限度地发挥自己的潜力。当你发现自己一分钟可以完成一个任务时，就会慢慢改掉自己容易分心的坏毛病，提高自己的注意力。

7. 读万卷书，才能行万里路

故事导入：

　　著名历史学家麦考莱曾给一个小女孩写信说，"如果有人要我当最伟大的国王，一辈子住在宫殿里，有花园、佳肴、美酒、大马车、华丽的衣服和成百的仆人，条件是不允许我读书，那么我绝不当国王。我宁愿做一个穷人，住在藏书很多的阁楼里，也不愿当一个不能读书的国王。"外表的美丽、衣服的名贵都不能代表你的价值，这些只能让你变得浮华，却不能让你得到真正的快乐。雨果曾经说过："人类所需要的，是富有启发性的养料。而阅读，则正是这种养料。"书籍是改造灵魂的工具，它可以使你的内心变得无比强大，即使你一无所有的时候，它也会给你继续生活的勇气和力量。

孩子心声:

　　我是一名初中学生,每天早上6点就要准备起床,然后洗漱、吃饭、坐车去学校,开始一天的"读书"生涯。7点早自习老师让大声朗读课本,一天8节课除了听老师讲书本上的内容,就是自己预习或者学习和复习书本上的内容,晚上回家老师还布置了做不完的功课,每天大部分的时间都和"书本"分不开,我们每天就几乎在和书本战斗了。而且就连看课外书老师也有规定,让看一些和课本有关的、能提高阅读能力和写作水平的书,比如《鲁迅文集》《红楼梦》《作文大全》之类的,如果我们看几本漫画、小说,每次都被老师和家长没收。看名著还是看漫画,不应该给我们选择的权利吗?

　　我也知道读书的好处,也为自己的成绩差而着急,有时候也想安静地坐下来看会儿书,补充一下精神食粮。因为我知道自己的主要任务是学习,但是每次我想读书的时候都不能安静下来,爸爸妈妈每天都要看电视到很晚,或者吃过晚饭就在电脑前面玩游戏,有时候甚至召集朋友来家里打麻将。看着他们对着电视哈哈大笑,我也忍不住想要看,毕竟电视的吸引力要比书籍大得多;看着他们玩游戏,我心里也痒痒,他们玩的游戏还是我教的呢!他们在客厅打麻将更是对我造成了干扰,想听不见都做不到。

　　我们还只是个孩子,我们需要一个快乐的童年,我们不是考试的机器、书本的奴隶!我们需要放松,需要一定的空闲时间来自己支配,需要自己选择自己想做的事情,看书或者不看书,都是应该我们自己决定的,不是你们告诉我们"应该读书",我们就必须无条件服从和接受的。

而且我觉得读书应该因人而异。有的同学内向、不爱玩、学习好，就喜欢读书，所以对他们来说读书是一件很轻松的事，不用痛苦和挣扎。可我觉得自己脑子笨，天生就不是读书的料，看到书就头痛，看书的过程对我来说太煎熬了。而且我天性爱玩爱动，让我坐下来看书顶多看三行就看不下去了。把我们这些天生不爱看书的人和那些爱看书的人归为一谈，用一样的标准来要求我们是不公平的。因为他们觉得自己在天堂，而我们却觉得自己在地狱。

家长回应：

孩子，我知道你每天学习的辛苦，也了解你学习的压力，更理解你作为一个孩子对快乐和轻松的渴望，也知道玩儿是孩子的天性，是你们成长中必不可少的经历，想支配自己的时间和生活也代表着你拥有了独立的意识和思想，爸爸妈妈为你拥有这种自主精神感到骄傲。

但是，孩子，读书和玩儿一样，也是你成长的一部分，你的童年不能缺少游戏、缺少快乐，但这并不代表你就可以肆无忌惮地享乐。读书和学习是成长的必需，可不能小看读书的作用，莎士比亚曾经说过：生活里没有书籍，就好像没有阳光；智慧里没有书籍，就好像鸟儿没有翅膀。书中记录的是前人用他们毕生的经历总结出来的智慧和经验，只有通过对这些书的阅读，我们才能积累丰富的学识和经验，才能学会思考，学会做人，才能有前进的方向。所以，孩子，不管你是一个什么性格的人，都要培养自己的阅读习惯，读万卷书才能行万里路，爸爸妈妈是想让你能更好地成长！

孩子，如果因为爸爸妈妈的生活习惯给你读书带来了困扰，那么爸爸妈妈首先向你反省我们的做法，并为没有顾及你的感受向你道歉。我们可以保证以后不会干扰到你的学习和阅读，爸爸妈妈会尽量在家中给你营造出读书的气氛，给你提供一个良好的读书环境，让你拥有一间属于自己的书房，也会帮助你收藏一些好书，让你有充分的条件去读书。

　　但是，我们虽然可以给你准备最好的条件，却不能左右你的思想。如果你从内心不接受读书的重要性，就算我们可以陪着你看一本书，也不能陪着你看一辈子书，你总要自己长大，自己学习。所以，孩子，爸爸妈妈不在你身边的时候，你也一定要主动地去读书，自觉地去买书，积极走进书的海洋，在书海里遨游。

给孩子的建议:

　　第一，"读万卷书行万里路"，不管你是一个什么性格的孩子，都要培养自己的阅读习惯。比如，可以去图书馆借阅一些书籍，增加阅读书籍的种类；可以在平时多逛逛书店，买几本自己喜欢的书；可以通过参加书展、社区的读书会来增加自己的阅历。孩子，人生不过百年，任何事物都有消亡的时候，但是只有书籍是不朽的，它是人类活动最长久的果实，世代相传。一本好书，能造就一个优秀的人，只有多接触好书，你才会发现它的魅力，真正地感到充实，进而拥有属于自己的梦想，你我熟知的名人们，都是爱读书并且读过很多好书的人。

西汉时期，有一个叫匡衡的人，从小就勤奋好学，可是到了晚上，因为没有蜡烛，他就无法读书，感到十分懊恼。匡衡就把书拿到月光下看，可还是不行，因为月光太暗，看不清。匡衡没有办法，只能沮丧地回家。他看见邻居家有亮光，却照不到他家，匡衡又着急起来，这时只听见亭子后面有"吱吱"的声音，他回头一看，只见一只老鼠从一个小洞里钻了出来，匡衡因此受到了启发，便在家里的墙壁上凿了个小洞，引光读书。不仅如此，当他借着邻居家微弱的光线把家中的书读完之后，并没有觉得自己才识渊博、不需要读书了；相反，他却感到自己所掌握的知识远远不够，为了实现自己多看一些书的愿望，他卷着铺盖来到附近的一个有很多藏书的大户人家，对主人说："请您收留我，我给您家里白干活不要报酬。只是让我阅读您家的全部书籍就可以了。"主人被他的精神所感动，答应了他借书的要求。正是凭着这种对书籍的渴望和追求，他终于做了汉元帝的丞相，成为西汉时期有名的学者。

第二，读书并不是痛苦的，而是一个不断收获的过程，收获的喜悦在于发现其中对自己有用的价值。

你不要颠倒学习成绩好和读书的关系，那些学习优异的人不是因为学习好才看书，而是因为阅读书籍才能取得好成绩。你千万不要以为这些成绩优异的同学是天生就爱读书的，也不要觉得他们在读书的过程中不会有厌烦甚至痛苦的时候。每个孩子都喜欢玩，都有蠢蠢欲动的"坏心眼"，就算是安静内向的孩子也不会一天24小时抱着书还觉得高兴和满足。所以，并没有什么所谓的"不公平"，每个孩子都是一样的。读书是一个需要不断培养和坚持的过程，是一个长期的需要付出辛劳的过程，这个过程并不永远都是快乐的，就是喜欢读书的孩子，当不能用心去读时，也会觉得读书是一个苦差事。

莎士比亚曾经说过："书籍若不常翻阅，则等于木片。"我们都知道水滴石穿的道理，积累知识就和积累财富一样，你必须学会约束自己，不能心浮气躁、浅尝辄止，更不能三天打鱼、两天晒网，而应当先易后难、由浅入深、循序渐进，你每天都要抽出固定的时间来阅读，不断用"学习的需求"战胜"玩的本性"。不管自己有多么不情愿，也不要纵容自己，就算读书是痛苦的，你也要苦中作乐，将读书进行到底。只有这样，才能养成读书的习惯，并让这种习惯成为像一日三餐一样重要的东西，在你的生命中生根发芽。

林林是一个调皮捣蛋的孩子，就是家长老师眼中那种"根本不是读书的料"的孩子。看到那些厚厚的书就犯晕。但是有一次作文考试得零分的经历刺激并改变了他，当老师当着全班同学的面把他那篇零分作文念出来时，当所有同学的嘲笑让他面红耳赤时，他就下决心一定要把作文写好。于是，在爸爸妈妈的帮助下，他去书店挑了一些作文书，还有一些名人的文集，每天晚上在爸爸妈妈的监督下抽出一个小时的时间来读书，在读书的过程中看到好的句子就用红笔标记出来，或者写在摘抄本上，遇到不懂的就向爸爸妈妈提问，或者上网去查，就这样坚持了一个学期。经过半年的读书和积累，他的作文水平突飞猛进，在新学期的作文竞赛上，林林终于一雪前耻，取得了竞赛第一名的好成绩。他也找到了读书的乐趣，并由此养成了热爱读书的好习惯，其他各科成绩也渐渐有所提高。可见，这个世界上没有"天生不适合读书"的孩子，只有"不去读书"的孩子。

第三，孟子说过："尽信书则不如无书。"不要盲目地没有目的地去"浏览"书，走马观花，丝毫没有自己的想法和见地；也不要把书上的所有内容当作圣旨，一点儿都不敢质疑。这并不是真正的读书。有位伟人曾经说过"书籍的唯一真正用处，是使人能自己去思考，如果有不能引人思考的书，便不值得占书架一席之地"，霍姆斯也说过，"一本书最好的并不是它包含的思想，而是它提出的思想正如音乐的美妙并不在于它的音调，而在于我们心中的回响。"所以，读书最大的价值是要思考，是在别人的思想的帮助下，建立起属于自己的思想。如果你不假思索去读书，只是把自己当成了书籍的奴隶，不会领会书籍中的精髓，而如果你把书中的内容融入到自己的思想之中，甚至敢于质疑你认为不合理的地方，那么你就已经掌握了读书的真谛，不管你所质疑的是对还是错，你都是一个有思想、有主见的孩子。

湖北省一个小学六年级的孩子小利很喜欢看书，他在《十万个为什么》中看到，蜜蜂的嗡嗡声来自翅膀的振动，每秒达200次，如果翅膀停止振动，声音也就停止了。但是有一次他在养蜂场玩儿的时候发现，很多蜜蜂聚集在蜂箱上嗡嗡地叫个不停，但是它们的翅膀并没有扇动。于是他对自己看的书产生了质疑，并对蜜蜂展开了试验和研究。他先用胶水把蜜蜂的翅膀粘住，后来又剪去蜜蜂的翅膀，但是无论怎么折腾，蜜蜂都能发出声音。他一共进行了42次试验，用了好几百只蜜蜂，证实了自己的结论：蜜蜂的声音不是靠振动翅膀发出的。后来又经过不断地观察和实验，他终于在蜜蜂的双翅根部发现两粒小黑点，蜜蜂叫时，黑点上下鼓动，把小黑点捅破，蜜蜂就再也没有声音了。就这样，小利将这一发现写成科学论文，对书中的"蜜蜂是靠翅膀振动发出嗡嗡声"这一说法提出了大胆的挑战，昆虫专家称这是个了不起的发现。2003年8月中旬，在兰州市举行的第18届全国青少年科技创新大赛上，他撰写的科学论文《蜜蜂并不是靠翅膀振动发声》，荣获大赛优秀科技项目银奖和高士其科普专项奖。

正是因为哥白尼敢于质疑书本，才推翻了地心说；正是因为伽利略敢于质疑权威，才推翻了亚里士多德的所谓真理；正是因为爱因斯坦敢于质疑权威，才推翻了力学假说和以太论；正是达尔文对"特创论"的质疑，才创立了关于物种起源及其发展规律的学说，奠定了生物进化的科学基础……所以，孩子，你不仅要读书，还要会读书，敢于怀疑传统、质疑书本、挑战权威、提出问题、进行探索研究，只有这样，你才会更接近科学，更接近真理。

第四，读一本好书等于和一个高尚的人对话，而读一本坏书，就像走向深渊。随着社会的发展，人类的精神财富越来越丰富，书籍也越来越浩繁，有精华就有糟粕，想要找到一本"宝贵的书"越来越难，很多孩子读书只"过目"不"留心"，也有的孩子在众多的书籍中迷失了方向。读书也意味着选择，当你在书店徘徊，当你在图书馆巨大的书架前难以抉择时，爸爸妈妈和老师可以给你推荐，但是永远不能代替你去选择，如何在众多的书籍中找到适合自己的书是你必须攻克的一个难题。正如培根所说，"不经过选择，随手抓一本书就读的人，就等于把自己宝贵的大脑当成草地，任别人的思想如马蹄一般在上边践踏。那是没有意义的。"所以，孩子，我们一定要提高自己的辨别能力和阅读能力，能够分得出什么是好书、什么是不该看的书。远离那些不健康的书籍、刊物，对于武侠小说、言情小说这类书籍可以适当地去涉猎，但是如果沉迷其中就不太可取了。总之，我们要认真地选择再选择，找到读书的乐趣，不要让自己在不健康图书的泥沼中越陷越深。

如今在学校附近的报刊亭或者租书店内，各种不健康图书充斥着我们的眼帘，以一些动漫图书和网络图书最为常见。很多低级趣味的图书打着儿童读物的幌子，以漫画为表现形式，有的宣传赤裸裸的"恋爱宣言"，甚至涉及情色内容；有的不堪入目，描写一些荒诞甚至畸形的恋爱故事；有的宣扬暴力，侧面鼓励打架斗殴；还有一些《恐怖故事》之类的书籍，宣传鬼神迷信等内容。曾经有报道说，有一个中学生因为痴迷于这种宣扬早恋和暴力的书，仅仅因为自己想要"追求"的"女朋友"和另外一个男孩儿走得比较近，就召集了一帮"兄弟"，在放学回家的路上，为了"捍卫自己的爱情"，"收拾"了这个男孩儿，最终男孩儿被砍伤，救治无效死亡，而这些参与打架斗殴的孩子也受到了不同程度的惩罚。所以，孩子，千万不要看这些充斥怪异、恐怖、凶杀、迷信等内容的不健康图书，这对你的身心发展是极为不利的。你自己要有辨别是非的能力，让健康向上的图书代替这些不健康的图书。

最后，读书不要贪多，没有选择、不加思考地滥读书是没有效果的，并不会使你得到知识。亚里斯提卜说过："能够摄取必要营养的人要比吃得多的人更健康，同样，真正的学者往往不是读了很多书的人，而是读了有用的书的人。"所以，孩子，我们鼓励你读书并不代表要求你读书时一味追求数量，一目十行，过眼就忘，也不是让你多读而不求甚解，而是要求你在读完之后，能把书中的内容消化和吸收，变成属于自己的东西，这才可以称得上是"读书"。读书并不在多，而在精，与其泛泛地读10本无关紧要的书，不如读一本真正值得读的书。读书有很多方法，你要找到适合自己的方法。其实，在你这个年龄段，不要偏重于读某一种类的书，而是要广泛涉猎各种领域的书籍，这样才能全面发展。另外，你要挑选既适合自己、又有助于理解并能给自己带来帮助的书来读，这样才不会"白"读。

一直以来，我也有一个误区，觉得书看得越多就越好，于是见书就买、见报就看。可是，有一次在和同事聊天时提到一本以前读过的书，竟然没有什么印象，在发表意见时吞吞吐吐。后来，一则寓言提醒了我，让我改变了这种囫囵吞枣的读书方式。

上帝一开始创造蜈蚣的时候，它是没有脚的。但是，它可以爬得和蛇一样快。有一天，蜈蚣看到羚羊、梅花鹿等其他有脚的动物来回跑的时候，心生羡慕，便向上帝祷告，希望拥有比这些动物更多的脚。上帝答应了蜈蚣的请求，在其面前放了好多好多脚，让它自由取用。蜈蚣迫不及待地拿起这些脚，一只一只地往身体上贴，从头一直贴到尾，直到再也没有地方可贴了，才依依不舍地停止。就在它扬扬自得的时候，才发现自己根本无法控制这么多的脚，要想走一步，必须小心翼翼地保证那么多脚不会相互跌绊。于是，蜈蚣有着最多的脚，却成为走路最慢的动物。

看完这个寓言，我觉得自己就像一只贪心的蜈蚣，恨不得博览群书，成为学识最渊博的人，却连看过的书都记不起来了。欲速则不达，贪多嚼不烂，过目的书多，但如果一味地追求数量，不注重成效，也是枉然。所以，孩子，要想真正地读书，就不要像我以前一样，必须调整阅读方式，不要注重读书的数量，要看一些有价值的书，反复研读，这样才能积累清晰和鲜活的知识。

对于整个人生旅程来讲，青少年时期是成才最为关键的时期。所以，孩子，尽量多读书吧！那些都是前人思想的精华，只有这样，你才能感到生活的充实，才能拥有美好的理想，才能成为一名正直、优秀的人，你的人生才是有意义的，你的生命才是有价值的。

第五章

孩子，爸妈能告诉你什么是美好的品德，但还要你自己慢慢培养

孩子，自从你来到这个世界上，就给我们带来无穷的幸福和牵挂，你是我们心中的明珠。而想让这颗明珠永远散发出迷人的光芒，就需要美好品德的支撑。

美好的品德是比高学历还重要的东西。只有做一个品德美好的人，才能具备非凡的人格魅力，才能得到别人的尊重、信任、爱戴和支持；只有做一个品德美好的人，才能融入到集体中去，在实现社会价值的同时实现自己的人生价值；只有做一个品德美好的人，才能让自己走得更远，才能让自己的人生充满积极向上的光彩。

孩子，美好的品德并不是短时间内可以培养的，而是需要不断地完善和提高。我希望你长大以后能够成为一个善良、正直的人，一个有用的人，一个自尊自信并被大家所尊重的人，这就是我们人生最大的希望和骄傲，爸爸妈妈将以你为荣……

1. 让美好的品德占据我们的心灵

故事导入：

　　有一位哲学家，带着他的一群学生去漫游世界。十年间，他们游历了很多的国家，拜访了很多有学问的人。现在他们回来了，个个都满腹经纶，成了饱学之士。

　　在回乡之前，哲学家在郊外的一片草地上坐了下来，对学生说："十年游学，使你们长了不少见识，有了很多学问。现在，学业就要结束了，我来给你们上最后一课吧！"弟子们便围绕着哲学家坐了下来。

　　哲学家问："现在，我们坐在什么地方？""我们坐在旷野里。""这旷野里长满杂草，现在你们都来说一说如何除掉这些杂草。"弟子们感到很惊奇，他们都没想到，一直在探讨人生奥秘的哲学家，最后一课问的竟是这么简单的一个问题。一个弟子先开口了："老师，只要一把铲子就够了，我就可以锄掉这里的杂草。"哲学家点点头。另一个弟子接着说："用火把这些杂草烧掉也是一种很好的办法。"哲学家微笑了一下，示意下一位。第三个弟子说："撒上石灰也会除掉所有的杂草。"第四个弟子说："斩草要除根，要把根挖出来才行。否则就会春风吹又生了。"等弟子们都讲完了，哲学家站了起来，说："课就先上到这里，你们回去以后，按照各自的办法，除去一片杂草，一年后再来相聚。"

一年后，弟子们都来了，不过他们原来相聚的地方，已经不再是杂草丛生，而是变成了一片长满谷子的庄稼地。弟子们围着谷子坐了下来，等待老师的到来。可是，哲学家始终没有出现。几十年后，哲学家去世，弟子们在整理他的言论时，发现哲学家在书的最后补上了这样一章："要想除掉旷野里的杂草，方法只有一种，那就是在上面种上庄稼。同样，要想让灵魂无纷扰，唯一的办法，就是让美德占据心灵。"

孩子心声：

我知道善良、诚实、宽容都是人性的美德，我也很佩服那些能做到毫无私心的人们，可是我就是做不到。我没有办法时时处处都替别人着想，也没有办法在"自身难保"的情况下还以"善良"的心态对待别人，更没有办法在明知自己会受到批评的情况下还诚实地承认自己的过错。

我认为"人不为己，天诛地灭"，谁都不可能做到无私，有时候爸爸妈妈还会因为一些小事和邻居斤斤计较；有时在街上遇到乞丐也会拉着我赶快走，并让我警惕这些

"骗子";遇到别人不讲道德的情况也会闭口不言,甚至还嘱咐我不要强出头,否则给自己惹祸上身;爸爸还告诉我在社会上生存,就要让自己很勇敢,不能太软弱,否则会被人瞧不起,甚至被人欺负……

很多时候,我已经不能分得清"道德"与"不道德"之间的界限,我的确没有那么善良,没有特意做过什么善事,但是我也没有做过什么坏事啊,我没有害过别人,也没有妨碍过别人;至于偶尔会撒一些小谎,也是因为"逼不得已"。因为我成绩不好,如果说实话就会遭到爸爸妈妈的批评甚至体罚;我想买东西,如果说实话肯定得不到爸爸妈妈的支持;为了得到自己想要的东西,达到自己的目的,我也会使用一些"小伎俩",但在我心中,这与道德无关,并不能说明我就是一个不讲道德的孩子。

家长回应:

孩子,你有一句话说得很对,那就是"道德和不道德之间并没有明确的界限",可能某些行为,你前进一步就是道德,做错一点就失去了这种道德。比如你任意往地上扔垃圾是不道德的表现,如果你能要求自己做到不乱扔垃圾就等于前进了一步,如果你再前进一步,能够捡起别人扔下的垃圾,就更加让自己具备了这种道德。所以,道德是没有止境的,它存在于每一件细微的事情中,关键是我们的内心,是否有向前一步的愿望和勇气。只要你不断以新的标准要求自己,每天前进一点点,就会让各种美好的品德占据自己的心灵,从而让自己成为一个有高尚品德、受人欢迎的人。

家是道德的港湾，是培养和教育孩子成长的地方，培养和教育你们是爸爸妈妈义不容辞的责任。美好的品德包括很多，善良孝顺、助人为乐、认真负责、严于律己、宽以待人、吃苦耐劳、朴实善良、大公无私、豁达大度、忠心耿耿、鞠躬尽瘁……这些不是一朝一夕就能做到的，而是需要你用一生的时间来学习的。你要知道，美好的道德比什么都重要，从此以后，爸爸妈妈会把道德教育作为第一位，不会因为你成绩不好、犯错误而对你施以精神上或者身体上的惩罚；你也要做一个善良、宽容、诚实、懂事的孩子，让自己在给别人温暖的同时，由内而外发出耀眼的光辉！

给孩子的建议：

康德曾经说过：世界上只有两种东西令我感动，一是我们头顶上灿烂的星空，二是人世间崇高的道德。一个人要想得到发展，必须具备高尚的品德、健康的精神、良好的情绪，只有具备了良好的品行，将来才能成为一个对社会有用的人，才能拥有健康幸福的人生。你们是早晨八九点钟的太阳，是祖国未来事业的接班人和未来社会的建设者，所以，我们每一个人应当努力把自己培养锻炼成为"有理想、有道德、有文化、有纪律"的德、智、体、美全面发展的人。

第一，你要与人为善，做一个善良的人。很多人都觉得"人善被人欺，马善被人骑"，于是满口脏话，拼命地让自己变得强硬，以为这样就能"镇住别人"，不会被人欺负。其实，软弱和善良是两回事，善良是一种由内而发的品德，可以形成一种人格魅力，使别人折服。

心存善念的人，就会真心地因为别人的快乐而快乐，从而让自己的心灵得到愉悦和放松；心存善念的人，就会与人为善，积极与别人相处，从而使自己获得良好的人脉，更有益于自己的人际交往；心存善念的人，就会光明磊落，对人敞开心扉，处处为别人着想，就会得到别人同等的待遇；心存善念的人，处处帮助别人，乐于扶贫帮困，就会获得良好的口碑，让自己美名远扬……总之，在所有的品德中善良是最重要、最基本的品德，如果没有了善良，勇敢就可能变成残暴；如果没有了善良，聪明就可能变成狡诈；如果没有了善良，领袖就可能变成暴君；如果没有了善良，英雄就可能变成罪犯……

每个人都无法否认善良的美好，有人曾经说过："善良其实很简单，就是墙倒了，你没有去扶，但是也不能去推；有人没有饭吃的时候，你吃肉不吧唧嘴。"虽然只是一句调侃，却也证明善良很容易做到，不一定非要给灾区捐款几百万、用自己的积蓄资助贫困儿童才称得上善良，它存在于生活中一点一滴的小事上，只要你有一颗为别人着想的心，并且能给别人一些帮助，那么你就是善良的。

有一个打工的小伙子，在刚刚领到工钱打算回家的路上，遇到了一位妇女，她恳切地向这个小伙子寻求帮助，希望给自己生病的孩子买一些药和食物。看着这位妇女褴褛的衣衫和期盼的眼神，小伙子从自己的薪资中取了一部分钱给了这个妇女，让她去给孩子看病。后来，这位小伙子被告知这个妇女是一个骗子，她并没有子女，只是靠骗人为生。周围的人纷纷向小伙子投来同情的目光，并说：

"你怎么这么傻啊，连孩子也没见着就把钱给人家。"没想到，小伙子却说，"没关系，那就证明这个世界上少了一个挨饿生病的小孩子，这是我听到的最好的消息了。"

可见，善良在我们身边无处不在，这位小伙子虽然只是一个打工的，却有着很多受过高等教育的人所没有的品质和道德，那就是善良和包容。不一定每一个人都能成为科学家，但每一个人都可以成为一个善良的人——给别人带去快乐，因而自己也快乐。

第二，你要学会宽容。雨果曾经说过：世界上最宽阔的是海洋，比海洋更宽阔的是天空，比天空更宽阔的是人的胸怀。宽容是一种修养，一种坦荡，一种豁达，一种美德，宽容不是胆小无能，而是一种处变不惊的气度，一种海纳百川的大度。它不仅包含着理解和原谅，更显示着气度和胸襟、坚强和力量。学会宽容，是做人的需要。

蔺相如对廉颇宽容，化解了两个大臣的矛盾，保护了国家的安宁；鲍叔牙对管仲宽容，成就了一代名相；周瑜心胸狭隘，嫉贤妒能，结果英年早逝；庞涓忌妒孙膑的才能，暗中加害，后来在马陵道中了孙膑的埋伏，兵败自杀……孔子的学生子贡曾问孔子："老师，有没有一个字，可以作为终身奉行的原则呢？"孔子说："那大概就是'恕'吧。""恕"，用今天的话来讲，就是宽容。

"世上没有不生杂草的花园""月亮的脸上也是有雀斑的"，人非圣贤，孰能无过，在生活中，我们难免会与别人发生摩擦，吃亏、被误解、受委屈的事总是不可避免，面对这些，最明智的选择就是宽容。当别人不小心踩到你，你应该摆摆手，说声没关系；当别人弄坏了你的东西，向你道歉时，你也应该宽容地付之一笑。人生何其短暂，我们没有必要把每天的时间都浪费在这些无谓的摩擦之中，做人如果能够宽容一点，那么我们的生活便会变得更加和谐美好。

一位德高望重的长者，在寺院的高墙边发现一把座椅，他知道有人借此越墙到寺外。于是长老坐在椅子上等候。午夜时分，外出的小和尚爬上墙，再跳到"椅子"上，想偷偷溜回去。可是他觉得"椅子"变了，没有那么硬，反而软软的甚至有点弹性。落地后小和尚定睛一看，才知道椅子上面坐着一个人，原来他跳到了长老的身上。小和尚仓皇离去，诚惶诚恐地等候着长老的发落。但奇怪的是，长老却当作什么事也没发生过一样，丝毫没有提及这件事。小和尚顿悟：是长老用自己的宽容来感化自己。于是他收住了心再没有去翻墙，通过刻苦的修炼，成了寺院里的佼佼者，若干年后，成为长老。

小和尚能有所作为，与当初长老的宽容是分不开的，可以说宽容唤醒了他的意识，纠正了他的人生之舵。

"一只脚踩扁了紫罗兰，它却把香味留在那脚跟上，这就是宽容。"让我们多一些宽容，多一分理解，多一分信任，多一分友爱，真诚地对待身边的每一个人。

第三，诚实是一种可贵的品德，你要做一个诚实的人。"诚实"是做人最基本的品质，是人与人沟通的基本条件，是真诚友谊的开始。但是很多青少年往往忽视这个最重要的品质，经常说假话欺骗家长、老师。比如当成绩考得好时沾沾自喜，向家长报喜；而当成绩考得差时，就不告诉家长，或自己模仿父母的笔迹签名，有的还会悄悄改掉试卷上面的分数；自己犯了错误做了错事，没有勇气承认，甚至千方百计为自己开脱；捡到别人的东西，自己很喜欢便谎称是自己的；占有欲强，经常会把一些公共财物据为己有，当被询问时，就编造一些谎言，说是别人送的或者自己买的……

在一个人的成长过程中，不管做错了什么都没有关系，只要你如实讲出，就证明你是一个正直的人，还会因为自己的诚实让自己获得良好的机遇；而如果你撒谎蒙骗别人，不仅不能弥补自己的过失，还会给自己的人格留下污点。

从前有个国王，已经很老了，于是他想挑选一个孩子来成为未来国王的人选。

经过层层挑选，各地都选出了本地最优秀的孩子。这些孩子聚集到皇宫，等待着国王的指令。然后国王给每个孩子发了一粒花籽儿，让他们种在自己的花盆里，并在三个月后拿着自己的花盆来皇宫聚齐，国王将选出最美丽的花朵的主人来作为未来的国王。

三个月过去了，孩子们再次来到国王面前，他们一个个都捧着一盆花，有红的，有黄的，有白的，都很美丽。

可是，国王看着这些孩子，却皱起了眉头，一句话也不说。他边走边看，忽然看见一个孩子手里捧着一个空花盆，低着头站在那里，闷闷不乐。国王走过去，问他："孩子，你的花盆里怎么没有花啊？"孩子伤心地哭了起来，说："我把花籽种在花盆里，每天用心浇水，松土，可是花籽儿却怎么也不发芽。所以，我只好捧着空花盆来了。""你不怕自己种的花不美丽，不能做国王吗？""我怕，但是我尽力了。我没有种出花来我接受失败，但是我不能说谎。"

国王听了，高兴地笑起来。他说："找到了！找到了！诚实才是最美丽的花朵，我就是要找一个诚实的孩子做国王，这个孩子就是你！"

原来，国王发给孩子们的花籽儿是煮过的，怎么能发芽、开花呢？

良好的道德品质是一笔精神上最宝贵的财富，是经久不衰的优秀品质，是美好人生的基石，我们要从大处着想，从小处着手，从小养成良好的道德习惯。拥有了它，会使我们一生受益，它能帮我们锁定人生幸福的方向，能够使我们有所作为。

2. 你要心怀感恩之心

故事导入：

　　小男孩家的附近有一棵苹果树，他从小就喜欢到苹果树旁玩耍，苹果树也乐意小男孩来玩耍，任他爬它的树干，攀它的树枝，摘它的果实，在它的树荫里打盹……小男孩很爱这棵苹果树，苹果树也爱他。

　　随着时光的飞逝，小男孩渐渐长大了，变成了一个风流倜傥的少年。由于生活和学习压力渐渐增多，他不再是那个爱玩儿的小男孩，也渐渐疏远了苹果树，忘记了与苹果树玩耍的快乐时光。

　　想起小男孩曾经在它身旁玩耍的日子，苹果树有点孤单。

　　有一天，男孩回到苹果树旁，看起来很悲伤。"来跟我玩儿一会吧。"苹果树对他说。"我不再是小孩子了，我不会再到树下玩耍了，我也不想爬树了。"小男孩说道。"我想要钱，想买很多很多的东西，想过富裕的生活。但是，很遗憾，我没有钱。""对不起，我也没有钱。但是你可以采摘我所有的苹果拿去卖，这样你就有钱了。"苹果树回答他。

男孩很兴奋，他摘掉树上所有的苹果，然后快乐地离开了。自那以后，男孩再没有来看过苹果树，直到他长成一个男人，苹果树很伤心。

不知过了多久，他又回来了，树非常高兴。"来和我玩儿吧！"苹果树对他说。"我没有时间玩儿，我需要工作来养活我的家庭。我们需要一个房子来遮风挡雨，你能帮我吗？""很遗憾，我没有房子，但是你可以砍下我所有的树枝来建房。"苹果树很直接地回答。

因此，男人打起精神来，砍下了苹果树的所有树枝，然后高高兴兴地离开了。看到他高兴，苹果树也很高兴。但是，男人砍了树枝以后再也没有来看过苹果树，苹果树又孤独、伤心起来。

突然，一个炎热的夏日，男人又回到苹果树这里。他和苹果树说："我年纪一天比一天大，想去航海，让自己放松一下。你能给我一条船吗？""用我的树干去做条船吧。你就可以航行到很远的地方。"于是男人砍了树干去造船。他真的去航海了，并且很长时间没有回来。

很多年以后，男人终于回来了。苹果树没有了树干，只剩下树墩，可它还用它仅有的树墩供男人坐着休息。

小故事中蕴含着大道理。苹果树就像我们的父母、长辈、老师。在我们年幼的时候，喜欢跟他们在一起游戏、玩耍、学习。等我们长大了，便离开他们，只有当我们有需要或者遇到麻烦的时候才会回来请求他们的帮助。尽管如此，他们对我们仍然有求必应，尽己所能提供我们所需要的一切，只要我们幸福。无论世事如何变迁，他们对我们的爱一直无怨无悔地在我们的生命里延续。

孩子心声：

"感恩的心，感谢有你，花开花落，我一定会珍惜。"每当我唱起这首歌，总会联想到自己。

有时候为了显示自己的派头，会买一包爸爸都舍不得抽的烟；有时候会在柜台前挑上半天化妆品，可妈妈用得最多的"化妆品"，却是年复一年的透明皂和洗涤灵；我们出去游玩都是叫出租车，可爸爸妈妈却在寒冷的冬天顶着凛冽的寒风骑着自行车；自从有了手机之后，我们一个月的电话费却是爸爸妈妈一个月的生活费；我们在聚餐时上酒上菜，却忘记爸爸妈妈在家吃的是什么……

我以前一直享受着这样的生活，并把这一切当作理所当然的事情，总以为爸爸妈妈为我们的付出是天经地义的，甚至会把妈妈的关心当作啰唆，把爸爸的管教当作折磨，而且总是为自己的不懂事找借口，比如学习太忙，或者觉得对爸爸妈妈没必要那么客气，有时还觉得他们对自己的关心是因为他们没事做。可随着自己慢慢地长大和成熟，看到岁月在爸爸妈妈脸上、头发上留下的痕迹，我才意识到自己长大了，也越来越觉得爸爸妈妈对我们的爱是无法代替的。

我知道自己还不够成熟，还不能让爸爸妈妈过上幸福的日子，但是，我正在一点一点地长大，我会认真体会父母那殷殷的期盼与浓浓的爱，同时，也会用真心去感激每一个帮助我的人，让自己慢慢成为一个懂得感恩的人。

家长回应：

　　感恩，是一种千古传唱的美好品德。西方国家很重视对"感恩"的教育和引导，还把每年11月的最后一周的星期四定为感恩节。我们国家虽然没有感恩节，但中华民族有24孝的美好传说，更有"滴水之恩，涌泉相报"的故事。"谁言寸草心，报得三春晖""谁知盘中餐，粒粒皆辛苦""投之以木桃，报之以琼瑶"讲的都是感恩，"羔羊跪乳、乌鹊反哺、马能垂缰"的现象，也是告诉我们要感恩，歌曲《常回家看看》《感恩的心》，唱的也是感恩。

　　你也许觉得故事里的小男孩对苹果树很残忍。然而，现实生活中很多人又何尝不是这样呢？有的孩子就像小男孩，无视长辈的关爱，只知索取不知回报。

　　付出和奉献都是相互的，只知道索取的爱是会让世界枯竭的，你索取了就要记得回报。在这个竞争激烈的社会，仅仅有点成绩、才能是远远不够的，还必须具备高尚的品德。爸爸妈妈并不希望能从你的身上索取什么，也不希望你能取得多大的荣耀和地位，给我们多少钱，只希望你能做一个懂得感恩的孩子，懂得知恩图报的道理，知道怎样做人，知道心疼父母，知道对帮助过自己的人说谢谢，知道回报这个社会，知道对这个世界感恩，这样爸爸妈妈的付出就没有白费，我们就会知足，就会为你是一个懂得感恩的孩子而骄傲。也只有这样，你才能成为一个人格高尚的人，成为一个受欢迎的人，你才能体验到生活的美好、人性的善良、人生的意义、生命的真谛，你才能拥有家庭、社会的和谐生活，才能感受到生活的幸福和生命的快乐，才能拥有光明的前途。

给孩子的建议：

记得有位哲学家说过，世界上最大的悲剧或不幸，就是一个人大言不惭地说没有人给我任何东西。感恩是一种美德，是一种积极向上的人生态度，是一种促进成功的法宝。我们生活在这个世界上，处处受到社会的"恩赐"，一日三餐要感谢农民的辛劳；出门乘车，要感谢司机的奔波劳碌；住在宽敞的房间里要感谢建筑工人的辛苦做工；活在这个世界上要感谢父母的养育之恩；能够学到知识要感谢老师的辛勤培育；此外，还要感谢在自己的人生旅途中陪伴自己成长的同学和朋友，正是他们的支持和帮助，才使自己的生活充实和快乐……

所以，我们应该常怀一颗感恩的心，凡事多替别人着想，对所有的人报以微笑，在帮助别人的同时，使自己不断走向成功。

第一，作为子女，我们应该感恩父母，感谢父母给予了我们生命，给了我们一个温暖的家，感谢他们让我们健康成长。

小米是一名中学生，从来都是衣来伸手、饭来张口，心安理得地享受着父母给自己的无微不至的爱。但是，有一段时间，父母突然发现小米变了，回到家总是抢着给父母做家务；吃完饭也不开溜了，而是主动洗碗、收拾；爸爸想看电视马上就屁颠屁颠地去开电视机；妈妈想喝饮料，马上出门去给买……爸爸妈妈不知道小米为什么变化这么大，但还是很高兴，觉得孩子懂事了，懂得回报了。

可没想到，两周后的一天，小米突然给了爸妈一份账单，上面清晰记录着自己这两周所做的事情，并标有价钱。"扫地10元，洗碗15元，买饮料小费10元……"看着这个莫名其妙的账单，父母震惊了，没想到小米居然是为了买一个游戏机才变得这么主动和懂事的。

第二天，爸爸妈妈按照账单上的记录，给小米准备好了他想要的回报，并且附有一张账单：年幼时，你生病N次，支出N元，需要回报0元；帮你做饭N次，支出N元，需要回报0元！给你买衣服N次，支出N元，需要回报0元；供你上学学费N元，需要回报0元；房屋住宿费N元，需要回报0元……

看了这张特殊的账单，小米羞愧地低下了头，他一直在和父母计较自己做的那些小事，却忽视了父母已经为他付出了那么多的爱。从那儿以后，小米还是像之前一样，帮助父母做家务、收拾房间，却再也没有要过钱。

谁言寸草心，报得三春晖。在我们成长的过程中，每当生病的时候、遇到困难的时候，都是在父母的帮助下，战胜一次次病魔和一个个困难，无论我们遇到多少坎坷，都能感受父母那份不求回报的爱。没有父母的言传身教，没有父母的叮咛和嘱托，我们就不可能生活得这么幸福，我们的成长之路也不会这么平坦。

但是很多人在年轻时不懂父母的爱，甚至经常忽略父母的爱，用不耐烦的语气和态度对待父母的关心和爱护：很多青少年可以一掷千金去看一场歌星的演唱会，却不舍得花钱给父母买一份礼物；有的孩子对一些大明星的星座、生日了如指掌，却不知道父母的生日；有的孩子可以不分昼夜地上网和陌生人聊得不亦乐乎，却连一个电话都记不起给父母打；有的孩子在感恩节聚餐狂欢，却不知道对自己的父母说一声谢谢；有个母亲生病躺在床上，儿子放学回家竟然一句问候也没有，而是拿钱出去吃饭了；有的孩子花着父母的钱穿梭于各个网吧、游戏厅之间，他们的父母却正为孩子高昂的学费而不辞辛苦地奔波着……

记得有这样一句话，"即使全世界的人都遗弃你，你的父母都会支持你"。不论我们走到哪里，不论我们多大，在父母的心中，永远都是最可爱、最需要被保护的孩子。对父母的认同和关爱是做人的最基本素质，可以表现出自己的一份孝心、一份良心。

尽管我们还不能给父母富足的物质生活，但我们可以用自己的真心让父母感受到自己的一份感恩、一份尊敬。我们要了解父母的各个方面，知道爸爸妈妈的生日，知道他们的工作是什么，知道他们喜欢吃什么；要在生活中尊敬父母，对父母有礼貌，听从父母的正确教导，不当面顶撞父母，不和父母发脾气；在平时要注意节俭，不乱花钱，不浪费，不向父母提出过高的要求；在父母劳累后递上一杯暖茶，在他们生日时递上一张贺卡，在他们失落时奉上一些问候与安慰，使他们感到欣慰和幸福；要帮助父母打扫房间，做力所能及的家务，减轻他们的负担；要主动和父母沟通感情，有心事和父母说，让他们感受你的心情；遇到一些比较重大的事情，要和父母商量，征求和认真考虑父母的意见，不要不动声色地自作主张；外出时，要告诉父母，并征得他们的同意，不要不打招呼就出门，更不能为了和父母赌气离家出走；对于还是学生的你们来说，要好好学习，努力学好各门功课，经常主动向父母汇报自己在学校的学习生活情况，争取取得好成绩，不辜负父母的期望，这也是我们能给父母的最好回报，也是对他们最大的精神慰藉，只有这样他们才会感到自己的付出是值得的。

第二，作为学生，要对老师心存感恩，因为他们给了我们教诲，让我们抛却愚昧。

古往今来，尊敬老师的例子比比皆是。居里夫人作为有名的科学家，寄去机票，让她的小学老师欧班来参加镭研究所的落成典礼，还亲自把老师送上主席台，并用一束鲜花表达她的感激之情；伟人毛泽东也邀请他的老师参加开国大典并在佳节送上对老师的一份深深感激；华罗庚被任命为中国科学院数学研究所所长，他几次亲自到王维克先生在北京的寓所去探望，并邀请王老师到科学院工作……

"春蚕到死丝方尽，蜡炬成灰泪始干"，老师对每一个学生来讲都是很重要的，我们从小到大，要经历很多老师的教导，他们把无知的我们领进宽敞的教室，不仅教给我们丰富的知识，还教给我们做人的道理，他们无微不至地呵护我们，忍受着我们的错误，甚至我们的任性，直到把幼小的我们培育成成熟懂事的青少年，他们用自己的言行潜移默化地影响着我们，这种影响甚至是终身的。

"一日为师，终身为父"，这句话告诉我们要懂得尊师重道的道理，可是很多年少无知的孩子却不懂得珍惜感恩，有时还会对老师的教育颇有微词，甚至会把老师对自己的教导当作耳旁风，更有很多孩子在上学期间还会在表面上尊敬老师，可一毕业就把老师忘得一干二净，见了面装作不认识……

赞美老师，尊重老师，是对老师的一种肯定、一种尊重。我们都该懂得如何对老师感恩。

首先，我们要理解老师，体会老师的难处，改变那种"老师就是为了钱来教育"的错误认识。教师的确是一种职业，工作挣钱是天经地义，但是这个职业并不全是功利的，而是要付出很多心血和感情的。我们只是写一份作业，老师却需要批改一个班级的作业；我们只需要好好学习，可在我们酣然入梦的时候，老师还要为了我们的安全查寝、记录；我们只需要认真听讲，可老师却需要不断地备课、批改作业……他们辛苦工作都是本着对学生负责的目的，否则，他们只要讲课就可以了，大可不必关心我们的学习、纪律、卫生，所以我们一定要体会老师的良苦用心。

其次，我们要尊重老师的劳动。课堂上要认真听讲、积极思考，以积极进取的心态、严谨认真的学习态度去学习，完成老师布置的学习任务，并以好的成绩来回馈老师。

再次，我们要虚心接受老师的教育和批评，不要任意顶撞老师。我们在学习和生活的过程中，总会犯一些这样那样的错误，这时免不了会受到老师的批评和指导，但是你要相信，老师绝对是为了你好，是为了让你少犯错误并养成良好的习惯。有错误并不可怕，关键是你要听得进教诲，知错就改，同时对帮助自己改错的老师充满感激之情。

最后，我们要养成主动向老师问好的习惯。不管是在学校，还是在外面，见到老师都要使用礼貌用语，主动说老师好。这样不仅反映出你的高尚品格，还能增进师生感情，体现出你文明礼貌的素养。另外，当自己毕业之后，或者进入社会，也不要忘记常和老师保持联系，如果真的很忙至少在教师节时打个电话，或者发条短信，向老师表示一份牵挂和感谢。

第三，我们要对兄弟姐妹和朋友心存感恩，因为他们给了我们亲情、友情的滋润，让我们不再孤单，让我们在孤寂无助时可以倾诉和依赖，让我们在遇到困难时可以得到智慧和勇气。

亲情、爱情和友情是人类最美好的情感。除了父母，每个人身边都会有很多朋友，我们应该感恩于父母的养育之情，但是我们同样也要对朋友怀着一颗感恩之心，因为他们让我们体会到了友情的可贵。

要想让友谊保持良好的状态，必须合理地处理双方的付出与回报。我们应该保持一颗平常心，去学会感恩于朋友为自己所做的一切，感恩于朋友带给我们的惊喜和感动，让友谊的花朵永远盛开。

第四，我们要感恩于所有曾经帮助过我们的人，是他们教会了我们怎样去爱，教会了我们成长，让我们懂得了

"赠人玫瑰，手留余香"的道理，也给予了我们回报他人的机会，让我们感受到人间的真情和感动。

一个贫困家庭的小男孩为了减轻爸爸妈妈的负担，自己挨家挨户地推销商品，以积攒学费。

但是毕竟他年纪还小、经验不足，他的推销进行得很不顺利，到了晚上，他疲惫万分，饥饿难耐，实在走不动了。

他走到一家门前，希望主人能给他一杯水喝。他敲开一扇门，开门的是一位美丽的年轻女子，她看到这位小男孩衣衫褴褛，又冷又饿，于是微笑着把他领到房间，递给了他一杯浓浓的热牛奶。

小男孩把牛奶喝了下去，并对这位美丽的女子心怀感激。这件事也重新激起了小男孩生活的勇气。

许多年后，这个小男孩成了一位著名的外科大夫。

有一天，医院里转来了一位病情严重的妇女，情况很危急。大夫顺利地为妇女做完了手术，救了她的命。

在做手术的过程中，他也发现，这位病重的妇女正是在多年前当他走投无路时递给他热牛奶的女子。面对当初帮助过自己的人，他想悄悄为自己的"恩人"做点什么。

当那位一直为昂贵的手术费发愁的妇女硬着头皮办理出院手续时，却看到了这样7个字：手术费——一杯牛奶。

对于那些帮助过我们的人，一定要心存感激，并找到合适的机会去回报别人，但是社会中仍然有很多人不懂得回报，甚至不懂得去说一声谢谢。

某地有个年迈的老人，靠自己的辛勤劳动无偿资助了80多名贫困大学生，但那些大学生毕业后，居然没有一个人去看望她，甚至连封问候、感谢的信也没有；沈阳一名17岁的少年，为了救一名溺水的20岁的青年，献出了宝贵的生命，而被救者却悄无声息地离开了……这样的事实在令人难以置信，但还是在我们的身边发生了。如果社会上都是这样的人，那么还会有谁去甘心帮助别人呢？

　　所以，我们不仅要回报那些帮助过我们的人，还要把这种感动传递下去，主动去帮助那些需要得到帮助的人。比如，我们可以给为自己服务过的邮递员叔叔阿姨写封信，表达自己的谢意；对帮助过自己的人，我们可以写一封感谢信，或者在报纸上、广播里、电视上公开表达自己的感谢；也可以抽时间到孤儿院或者敬老院去献爱心，在比较中感知幸福，学会感恩，同时也可以做一些力所能及的事情去帮助这些孤寡老人和孤儿；我们也可以和贫困地区的孩子交朋友，给那些需要帮助的同龄人送去温暖……总之，我们要在具体的行动中体会自己的幸福，学会珍惜别人、感谢别人的爱。

　　第五，我们还要感谢这个世界上所有值得我们感谢的人。感谢批评我们的人，是他们让我们看清自己的缺点，从而朝着正确的方向前进；感谢对我们不满的人，是他们的不满让我们认识到自己的差距，从而做得更好；感谢嘲笑我们的人，是他们给了我们前进的动力，让我们有些动摇的心愈来愈坚定，从而一步步走向成功；感谢伤害我们的人，因为他们磨炼了我们的心志，让我们知道了社会残酷的一面；感谢欺骗我们的人，因为他们增进了我们的智慧，让我们更加成熟……

据说有一次罗斯福总统家里失盗，被偷去了许多东西，一位朋友闻讯后，忙写信安慰他。罗斯福在回信中写道："亲爱的朋友，谢谢你来信安慰我，我现在很好，感谢上帝：因为第一，贼偷去的是我的东西，而没有伤害我的生命；第二，贼只偷去我部分东西，而不是全部；第三，最值得庆幸的是，做贼的是他，而不是我。"对任何一个人来说，失盗绝对是不幸的事，而罗斯福却找出了感恩的三条理由。

所以，即便生活误解了你，使你遭遇挫折与打击，你也要怀有感恩之心。只有对不幸也心怀感激，才能让自己成为一个心胸豁达的人，才能更好地成长。

一个懂得感恩并知恩图报的人，才是天底下最富有的人。感恩是一个人该拥有的本性，也是一个人拥有健康性格的表现。在我们成长的过程中，会遇到各种各样的关心和帮助，也许我们不能一一回报，但是对他们表示感恩是必需的，永怀感恩之心，常表感激之情，人生就会充实而快乐。

3. 自信乐观，让我们走得更远

故事导入：

  有一个生长在孤儿院的男孩，常常悲观失望地看待自己。有一次，他伤心地问院长："像我这样没人要的孩子，活着究竟有什么意思呢？"院长总是笑而不答。有一天，院长交给男孩一块石头，对他说："明天早上，你把这块石头拿到市场上去卖。但记住不是真卖，无论别人出多少钱，绝对不能卖。"

  第二天，男孩蹲在市场的一个角落，并没有向其他的商家一样吆喝，但意外的是有很多人对他的石头感兴趣，而且价钱愈出愈高。回到孤儿院，男孩兴奋地向院长报告，院长笑笑，要他明天拿到黄金市场上去卖。在黄金市场，竟有人出比昨天高十倍的价钱要买那块石头。第三天，院长叫男孩把石头拿到宝石市场上去展示。结果，石头的价格较昨天又涨了十倍，但由于男孩怎么都不卖，竟被传为稀世珍宝。

男孩兴奋地捧着石头回到孤儿院，将这一切告诉院长，并感到不可思议。院长望着男孩，语重心长地说道："生命的价值就像这块石头一样，在不同的环境下就会有不同的意义。一块不起眼的石头，由于你的珍惜而提升了它的价值，而被人看成稀世珍宝。你不就像这石头一样吗？只要自己看重自己，自我珍惜，生命就有价值，生命就有意义。"小男孩终于理解了院长的意思，从此以后，他不再悲观，不再失望，而是积极乐观自信地生活，终于有所成就。

孩子心声：

爸爸妈妈经常给我讲"人要有自信，才能成功"的道理，这个我当然知道，可自信心不是与生俱来的，更不是一两天就能形成的，它不仅需要我自己的培养和努力，更需要不断的鼓励和激发。可是从我小的时候起，爸爸妈妈就经常忽略我的自尊心，经常拿我和其他的孩子来比较，有时还在别人面前批评我，数落我。比如，开完家长会，就把我和考试第一名的学生比较；在同事那里听到人家的孩子比赛得了奖，回到家也不忘数落我一顿；别人考上了重点学校，也要拿来跟我唠叨；我做错事后就会在众目睽睽之下批评我，让我难堪，丝毫不给我留面子；在家里天天唠叨，还经常说出一些"也不怕别人笑话"之类的话……久而久之，就使我养成了一种自卑的习惯，不敢正视别人，总觉得别人都在笑话我。

人们常说，树怕伤根，人怕伤心。我希望爸爸妈妈能明白，每个人都是有自尊心的，维护自尊是一个人的本能和天性，不仅大人需要别人的尊敬，我虽然小，但我的自尊心也需要被保护。如果你们一直伤害我脆弱的自尊心，就会使我的心里留有阴影，那么又怎么指望我能具备十足的信心呢？

家长回应：

爱迪生曾经说过，自信是成功的第一秘诀。相信一个人将来取得的成就是与他的自信成正比的，一个具有自信的人，就等于成功了一半，没有自信，便失去了成功的可能，就会被自己的自卑和懦弱压倒。一个能取得巨大成就的人，首先是因为他自信。尤其是对于两个能力、水平都相近的人来说，面对同样的任务、同样的问题，有自信和没自信的区别就会使这件事的结果大相径庭。古往今来，有许多失败者之所以失败，究其原因，不是因为无能，而是因为不自信。

当一个人连自己都不相信的时候，肯定什么都做不好，当他什么都做不好的时候，就会更加不自信，更加怀疑自己的能力，从而形成一种恶性循环。自信心不是与生俱来的，也不是在以后的生活中自然形成的，它不会随着一个人的成长越来越强，也不会随着时间的推移越来越弱，而是需要后天不断的培养和教育。

所以，爸爸妈妈要帮助你逐步建立自信心，避免你陷入这种恶性循环。当然，爸爸妈妈会反省自己的做法，很多时候，我们会把你的自尊心忽略，认为你们还小，根本不懂什么叫自尊；有时当你过分执拗时，还会认为自尊心太强不是什么好事情，于是百般压制你的自尊心；还有时候，我们会因为希望你能比其他孩子好，而把你和其他孩子比较，当我们发现别人的孩子比你优秀时，就会拿来"刺激"你，试图因此让你学到那些优秀孩子身上的优点或者激发你的上进心……但是，我们忽略了你也是有自尊的，也是需要被保护的。从今以后，我们会尽全力保护你的自尊心，使你不受伤害，并具备越来越多的自信心。

可仅有爸爸妈妈的支持和努力还是不够的，关键是你自己，你的努力才是解决问题的根本，你要认识到自信的好处，努力让自己具备自信的各种资本和条件，让自己从平凡走向辉煌。

孩子，你要记住：一个会欣赏别人的人，首先要会欣赏自己，而要会欣赏自己，就要有自信。你是我们永远的骄傲，你是世界上最棒的！我们对你有信心，对你的未来有信心！所以，也请你对自己有信心。

给孩子的建议：

自信乐观是一个人获得成功必备的信念，只有自信乐观的人，才能够积极地认识自我，积极向上地面对一切；只有自信乐观的人，才能不断挖掘自身的潜力，最大限度地发挥自身的智慧与才能；只有自信乐观的人，才能在问题来临时临危不乱，镇定自若地去把握事情发展的走向；只有自信乐观的人，才能在面对困难的时候不退缩、不害怕，而是相信自己能行，然后勇敢地去面对，想尽一切办法去寻求解决之道；只有自信乐观的人，才能在处于逆境的时候不气馁、不放弃，而且让自己保持心理平衡，变不利为有利，使自己绝处逢生，一点一点走出人生的低谷。每个人都喜欢自信乐观的人，因为他们身上具备一种力量，那就是活力、希望、阳光、动力，能给他人带来温暖与希望，同时还能给自己带来成功与收获。

第一，你要明白自己的命运掌握在自己手中，与其祈求别人的帮助不如自己帮助自己。

有人认为一个人的出生、家庭、环境、语言等都是与生俱来的，所以便认为"人的命，天注定"，其实命运并不是注定的，而是掌握在自己手中。

小林毕业以后做过十几种不同的工作，当过老师，做过歌厅串场歌手，开过餐馆，做过流水线工人，搞过装修、房地产……最后都以失败告终。

有一次他去寺院游玩，见到禅师，他问禅师世界上到底有没有命运。

禅师让他伸出手，说："手中的这几条线，你知道吗？叫什么你一定知道吧！"

小林说："这条叫生命线，那条斜线叫爱情线，另外一条叫事业线。"

禅师说："对，生命、爱情、事业基本属于一个人的命运。"

接着，禅师让他握紧手，问："这些线现在在哪里？"

小林机械地答道："在我的手中啊。"

当禅师再次追问这个问题时，小林恍然大悟，命运其实就在自己的手中。

这个世界上，真正能够改变自己命运的只有自己，自己的命运掌握在自己手中，你要做什么样的人，那是你自己决定的。所以，当我们遇到困难和挫折时，不要把希望寄托在别人身上，要相信凭借自己的力量可以改变命运。

第二，你要摒除自己的自卑心理，找准自己的优势，超越自卑。

自卑是一种因过多地自我否定而产生的自惭形秽的情绪体验，主要表现为对自己的能力、品质等自身因素评价过低；心理承受能力脆弱；经不起较强的刺激，谨小慎微、多愁善感，常产生疑忌心理；行为畏缩、瞻前顾后等。其实自卑感人人都有，但如果当自卑达到一定程度，就会影响自己的正常生活和心理健康，严重的还会引发心理疾病。

自卑心理的产生，主要来源于心理上消极的自我暗示。有的人因为生理上的某些不足引起了消极的自我暗示，比如一些青少年常因个子矮、身材过胖、五官不正、身体有残疾缺陷等怀疑或担心自己的缺陷被人耻笑，于是感到有精神压力，不敢主动与人交往。因为在与人交往的过程中遇到一些障碍或困难，导致挫折感产生，比如失恋，自卑感的人就会把感情上的挫折归咎于自己的无能和倒霉，于是意志消沉，垂头丧气。有的青少年因为学业上的不顺利，便过分低估自己的智慧和才能，甚至导致自我认识的偏差，认为自己处处不如别人。也有的人片面认为自己的性格不利于交往，比如那些自认为性格懦弱、抑郁的人，从来不敢主动结交朋友，常常认为自己"江山易改，本性难移"。这种消极的自我暗示常常会使自卑感更加深入内心，并不断膨大，以致丧失勇气和信心。

要克服自卑心理，首先不能经常拿自己的不足和其他人的优势进行对比，因为"金无足赤，人无完人"，如果只看到自己的短处，就会产生自己不如别人的感觉，会在无形之中树立自己"真的很差"的自卑感。这种自卑感会让自己的自尊心受到伤害，会让自己不相信自己的实力，甚至看不起自己，这样我们失去的不仅仅是成功的机会，还失去了内心深处渴望成功的动力，从而变得沮丧、孤僻，以致悲观、失望。我们要把自己的位置摆正，学会对自己作公证的全面的评价，既不沾沾自喜、傲慢自大，也不要只看到自己的短处，妄自菲薄。

一代球王贝利初到巴西最有名气的桑托斯足球队时，总是拿自己和那些大球星比较，怕别人看不起自己，经常紧张得彻夜不眠。他本来应该是球场上的佼佼者，但却因为无端地怀疑自己，恐惧他人，常常踢不好球。后来他设法在球场上忘掉自我，专注踢球，保持一种泰然自若的心态，不和别人进行无谓的比较，便以锐不可当之势进了一千多个球。球王贝利战胜自卑的过程告诉我们：不要怀疑自己、贬低自己，也不要拿自己和别人比较，只要勇往直前，付诸行动，就会从紧张、恐惧、自卑中解脱出来，从而走向成功。

另外，自卑是心理暂时失去平衡的一种心理状态，对此可以通过补偿的方法来加以改变。那就是为了弥补自己的不足，可以发展自己其他方面的长处、优势，争取超过别人。使用补偿机制的时候应该注意两点：一是必须符合自己的实际条件，不可好高骛远，追求不切实际的目标；二是不能故作姿态，甚至以奇异打扮来惹人注意。只有积极的心理补偿，才能激励自己达到更高的人生目标。

解放黑奴的美国总统林肯，幼年丧母，出身卑贱，而且面貌丑陋，言谈举止缺乏风度。他对自己的这些缺陷十分敏感，常常自卑。后来为了弥补这些缺陷，他力求从教育方面来汲取力量，拼命自修以克服自己的缺陷，弥补自己的知识匮乏和孤陋寡闻。他在烛光、灯光、水光前读书，尽管眼眶越陷越深，但知识的营养却对自身的缺陷作了全面补偿。他最终摆脱了自卑，并成为有杰出贡献的美国总统。

第三，你要正确地认识自己，懂得如何发掘和重用自己。

自信心是人生重要的精神支柱，是人们行为的内在动力，更是一个人在未来的社会中发挥作用的重要因素，在很大程度上促进了一个人的成功。成功学的创始人拿破仑·希尔说："自信，是人类运用和驾驭宇宙无穷大智的唯一道路，是所有'奇迹'的根基，是所有科学法则无法分析的玄妙神迹的发源地。"

古希腊的一位哲学家在风烛残年之际，知道自己时日不多，于是想考验一下自己的得力助手。他把助手叫到床前，说："我的蜡烛已经快燃尽了，必须找到另一根蜡烛续燃，你明白我的意思吗？"助手赶忙说："明白，您要找到一个智者，把自己的光辉思想好好地传承下去……""可是，我需要一个最优秀的传承者，他不仅要具备相当的智慧，还必须具备充分的自信和非凡的勇气。我至今仍未见过这样的人选，你能帮我寻找一位吗？"哲人慢悠悠地说。

"我一定竭尽全力寻找，不辜负您的期望。"助手答道。哲人笑了笑，没有再说什么。

为了不让哲人有遗憾，那位助手不辞辛苦地通过各种渠道给他寻找优秀的闭门弟子。可他领来一位又一位，都被哲人婉言谢绝了。当那位助手再次无功而返地回到哲人病床前时，病入膏肓的哲人硬撑着坐起来，对助手说："真是辛苦你了，不过，你找来的那些人，其实还不如你……"

"我一定加倍努力，找遍五湖四海，也要把最优秀的人选挖掘出来，举荐给您。"

眼看哲人就要永别人世，最优秀的人选还是没有眉目。助手非常惭愧，语气沉重地对哲人说："我真对不起您，令您失望了!""失望的是我，对不起的却是你自己。本来，最优秀的就是你自己，只是你不敢相信自己，才把自己给忽略了。其实，每个人都可以成为最优秀的那个人，差别就在于如何认识自己，如何发掘和重用自己……"

话没说完，哲人就永远离开了这个世界。

每个向往成功的人，都应该牢记这句话："每个人都有比自己想象中更大的力量。不是因为有些事情难以做到我们才失去自信，而是因为我们失去了自信，有些事情才显得难以做到。"如果你连自己都不相信自己，就没有理由让别人相信你。

第四，我们要用实际行动建立自信，乐观地面对一切。

充满自信，战胜自卑，不能夸夸其谈，止于幻想，而必须付诸实践，见于行动。建立自信最快、最有效的方法，就是去做自己不敢尝试的事，直到获得成功。

首先，要突出自己，挑前面的位子坐。

不管是在课堂上学习，还是各种形式的聚会，都要努力争坐前排，以建立自己的信心。那些在各个场合占据后排座位的人，大都希望自己不要"太显眼"，而他们怕受人注目的原因就是因为缺乏信心。只有敢为人先，敢上人前，敢于将自己置于众目睽睽之下，才能培养自己的勇气和信心，才能放大自己在别人眼中的比例，才能强化自己，才能养成一种习惯，使自己在潜移默化中变得自信。你要记住：所有和成功有关的一切都是显眼的，你要争取坐在一个最显眼的位置。

其次，你要学会微笑。

微笑能带给人自信，它是医治信心不足的良药。所以，当你怀疑自己、否定自己、情绪悲观时，不妨冲自己笑一下。真正的笑不仅可以改变自己的不良情绪，还能改变别人对你的看法，使你得到别人的尊重，这种尊重也能使你充满自信。

再次，你要敢于正视别人的眼睛。

眼睛是心灵的窗户，一个人的性格、情感都可以通过眼神传递出来。不敢正视别人的人，常伴有自卑、胆怯、恐惧的心理；经常躲避别人眼神的人，则意味着这个人内心的阴暗，不坦荡；敢于正视别人的人才是一个坦坦荡荡的人，告诉别人："我是正直的、诚实的人。"所以，正视别人也是对别人的尊重和喜爱，是积极心态的反映，是自信的表现，更能展现自己的个人魅力。

另外，在走路时要注意昂首挺胸，快步行走。

有些心理学家认为，一个人行走的姿势、步伐与其心理状态有一定关系。懒散的姿势、缓慢的步伐是情绪低落、悲观的表现，是不自信的反映。其实在生活中不难发现，那些经常遭受打击、被人群排斥的人，走路都拖拖拉拉，缺乏自信。我们要改变自己不正确的走路姿势与速度，昂首挺胸、步伐轻盈，从而在某种程度上调整自己的情绪，表现出非凡的信心。

最后，要练习当众发言的能力。

很多人不愿意在大庭广众之下发言，他们往往缺乏自信，认为别人都比自己懂得多，认为自己的意见可能没有价值，如果很愚蠢，说出来还会被大家笑话，或者是由于自卑和胆怯，不敢在人前发言，于是常常奉行"沉默是金"的原则，沉默寡言。可是，越是这样，越会使自己丧失信心。

在大庭广众下讲话，需要巨大的勇气和胆量，这是培养和锻炼自信的重要途径。很多成功人士都是善于发言的人，也有很多先天口吃、缺乏自信的人也是通过练习当众讲话而使自己变得自信、改掉坏毛病的。所以，我们要积极参加各种班干部、组织者的竞选，积极给自己制造发言的机会，经常主动发言。

第五，自信与努力分不开，如果一味地盲目自信而忽视自身能力的提高，就变成了狂妄自大，不但不能帮助人前进，反而害人不浅。

自信确实能激发起一个人的斗志，但仅有自信也是不够的，因为自信不是平白无故地就会附着在一个人身上的，作为一个人首先要有真才实学，才会有真正意义上的自信，并把它作为一种向上的动力。所以，不管是在学习上还是生活中，自信都应该与努力有机地结合起来。

小明和小坤都是自信的人，他们两个在考试之前都没有一丝紧张，都是满怀自信地步入考场。但考试过后，小明取得了很好的成绩，而小坤的成绩却很差。这是为什么呢？因为小明不仅有自信，还具备刻苦学习的精神，所以成绩优异；而小坤空有自信，却从未付出努力，自然不会取得好成绩。所以，他们两个看似都是满怀信心地去考试，但由于平时努力的程度不一样，结果就大相径庭。所以，我们不仅要做一个充满自信的人，还要做一个勤奋刻苦的人。因为自信虽然是一种力量，但如果没有真才实学，它只能是一种虚无的力量。要想取得成功，就得让自信依附于"实干"这一坚固的基础上，才能使自信发挥出它应有的力量。

一个人要想获得成功，一定要相信自己。青少年朋友应该正确地看待自己，既不能好高骛远，也不能妄自菲薄，我们要多给自己鼓励，相信自己的能力与才华，并勇敢地在别人面前表达出来，那样就会离成功越来越近。

4. 赠人玫瑰手留余香，爱别人等于爱自己

故事导入：

故事发生在俄罗斯，在一片白雪皑皑的山路上，一个男人艰难地行走着，走了很久也看不到人迹，陪伴他的只是凛冽的寒风和愈下愈大的暴风雪。后来他碰到一个旅行家，两人结伴而行。虽然还是寒风刺骨，两人为节省热能也没有说话，但是两人都感觉暖和多了，心里也安定了不少。

后来，两人在半路上又遇到一个老人，倒在雪地里。如果置之不顾，老人会被冻死，男人动了恻隐之心，对旅行家说："请你帮帮忙我们一起带他走吧！"旅行家听了男人的话很不屑，"多一事不如少一事，我们都泥菩萨过江自身难保了，天气这么恶劣，连自己都顾不了，还想管别人！"说完便独自离去了。

男人只好靠自己的力量背着老人向前走，慢慢地，他全身被汗水湿透，竟然暖化了冻僵的老人，于是两人彼此用体温取暖来抵抗寒冷。不知过了多久，他们走到了一个小村庄，发现村口围着一群人。男人挤过去一看，原来是那个只顾自己的旅行家一个人无法抵挡刺骨的严寒，活活被冻死了。

正所谓"赠人玫瑰，手留余香"，搬走别人脚下的石头，也恰恰是在为自己铺路。爱是相互的，你要想得到别人的爱，首先要学会爱别人。

孩子心声：

爸爸妈妈总说我不懂得关心别人，不懂得去爱别人，可是事实上是你们没有给我这样的机会。我知道你们把我视为掌上明珠，所以无论我提出什么要求，都会满足，在这种"亲情过剩"的家庭中长大，我的确变得有点任性、骄横，以自我为中心。可是这也不能全怪我啊，哪个孩子不想舒舒服服地被人关心着，难道爸爸妈妈让我出去玩的时候我一定要帮他们干活吗？再说，我也不会啊，帮忙等于添乱，我还不如让自己多玩会呢！为什么一定要让我让着别人，有什么都要和别人分享呢？那是爸妈给我买的，是我自己的东西，让别人玩、让别人看，那我做什么？他们为什么不让自己的家长买呢？我才不想让他们沾光呢！爸爸妈妈还经常怪我不帮助别人，我一个学生拿什么帮助别人？给别人钱吗？这简直是无稽之谈，再说我也没有啊，而且人不能太无私，否则"人善被人欺"，别人就会认为我软弱，肯定会因此小看我，甚至欺负我，我可不能让别人觉得我好惹!

家长回应：

孩子，你们从小就在蜜罐里长大，被各种各样的爱包围着。你们幸福地享受着别人的爱，但是你们何时才能懂得爱别人呢？

你可以得到爸爸妈妈无条件的爱，但如果一个孩子从小只知道接受别人的爱，而从不知道要以同样的爱心对待别人，那么这种自私、骄横的性格会让你失去其他人的尊敬和爱，你长大以后会成为感情上的白痴，只会麻木地接受别人的爱心，根本谈不上去爱别人，那么你就无法适应这个充满爱的世界，更无法在社会中生存。所以，爸爸妈妈痛下决心，不仅要教育你学会学习、学会自立，还一定要彻底改变你"只接受、不付出"的行为习惯，培养你的爱心，使你在社会中健康成长。

当然，爸爸妈妈也要反省自己的做法，也许我们的确太过于溺爱和娇纵你，觉得就你一个孩子，只顾让你好好学习，家里什么事也不让你做，甚至在你可以自立的年龄还帮着你做这做那。爸爸妈妈认识到，是我们这种无原则的爱，客观上造就了你"衣来伸手、饭来张口"的习惯，我们毫无保留的付出使你在巨大的压力下渐渐失去了对别人的关心和爱。

不过我们相信，你内心深处是有爱的。比如你看到自己养的宠物生病了，也会很心疼很难受，因为你知道宠物是需要你去关爱的，而爸爸妈妈、爷爷奶奶一直在默默关爱你，所以你便忽视了这种爱。

因此，为了把你培养成为一个懂得爱的人，我们会改变这种不良的教育方式，不会总把自己当作高山、大海，把你当作依附我们的小草和小溪，也不会把你当作枝头上延伸的枝芽，而是把你当作一棵树，一棵独立的树，多给你爱别人的机会，当你想要帮助我们做事的时候，不会再说："你把书读好就行了"这样的话，因为我们知道，你要想成才，不是只要读书就够的，还必须学会做人，懂得付出和回报，这才是做一切事情的前提和基础。

所以，孩子，请你记住：如果你想拥有一个美丽的人生，就必须有一颗"爱人"之心。爸爸妈妈相信你会成为高山，成为大海，成为一个顶天立地的人。

给孩子的建议：

现在的孩子都是独生子女，是家里的小公主、小皇帝，是被父母含在口里捧在手上的掌上明珠，把"人人爱我、人人为我"当作理所当然的事情，以自我为中心，只知道接受爱，却不知道自己还需要去爱别人、关心别人。

曾经有一个15岁的少年，听到父母说"三个孩子谁能考上大学就供谁上，考不上的就要干活挣钱供考上的"的话之后，竟然心生歹念，将自己的亲生弟妹活埋，理由竟然是："只有他俩死了，父母才有可能集中精力培养我上大学。"

这是何等的自私和丑陋的品行，这是何等扭曲的人生观、价值观，连自己的兄弟姐妹都不能去爱的人，又怎么去爱别人。这样的孩子就算考上最好的大学又能怎样呢？

他依然是一个不懂得去爱的人。

爱和被爱都是幸福的，爱别人也是一种需要，一个人从关爱别人的过程中也同样能感受到很多的快乐。如果一个人不知道怎样去"爱别人"，就无法体会到付出的乐趣，还会使自己的心灵蒙上阴影，并埋下骄横跋扈、自私自利的种子。所以，你要注意平时一点一滴的积累，随时随地培养自己良好的思想品德和行为习惯，提高自我教育能力，在帮助别人的过程中体会到快乐和满足。

第一，你要学会理解和尊重他人，不轻视每一个人，也不要中伤、嘲笑别人，更不要在别人的伤口上撒盐。尊重他人，等于善待自己。

一位富商看到一个衣衫褴褛的铅笔推销员，顿生怜悯之情并掏出十元钱塞到他手中，便头也不回地走开了。但刚走几步，突然觉得不妥，连忙赶回来，抱歉地解释自己忘了取笔，然后郑重地对推销员说："我们都一样，都是商人。"数年后，在一个商贾云集的场合，两人再度相见，那位衣衫褴褛的铅笔推销员已经变成一个风度翩翩的企业家，富商已经不认识他了，但是他依然记得这个对他说"我们都一样"的商人，他感激地对商人说："可能你已经忘记我了，但是我记得你是谁。感谢你给了我自尊和自信，并让我走向成功！"

尊重别人不仅可以使自己的心灵受到深深的震撼，更可以使他人拥有自尊和自信。富商的一句话让铅笔推销员从自卑中解脱出来，自信地踏上经商之路。可见，尊重他人可以让失望的人看到光明，让自卑的人找到自信，甚至可以改变一个人的一生。不尊重别人不仅会伤害别人的自尊，还可能埋没有用之才，甚至会使自己失去别人的尊重。所以，尊重别人其实就是尊重自己，我们要从身边的小事着手，一点一滴积累，对任何人都要多一分理解和尊重。对自己的同窗不取笑、不打闹、不揭短，以诚相待，是对同学最起码的尊重，是建立纯真友谊的基础；回到家时与父母、长辈打招呼是一种对长辈亲人的尊重，是对亲人辛勤养育最珍贵的抚慰；上课专心听讲是对老师辛勤劳动的尊重；在食堂就餐后，把椅子、餐具放好是对食堂师傅的尊重；外出时对清洁工点一下头是对他们劳动的肯定和尊重……如果你不尊重别人，有什么资格指望别人来尊重你呢？

第二，你要信任别人，不要轻易地怀疑别人、误会别人。相信别人是对别人的尊重，是对人性善的肯定，是对人间真情的肯定。信任别人会产生一种高尚的情感体验，能够激发自己向上的动力，净化自我的心灵，还能使自己"被人信任"，从而获得良好的口碑。一个人如果总是以猜忌、怀疑之心待人，不仅难以与人建立友情，自己也会因为阴影笼罩而变得孤独、失去快乐。

一艘货轮行驶于大西洋，在船尾搞勤杂的黑人小孩不慎掉入大海，他大声呼喊，却被淹没在茫茫的大海中。但黑人小孩一直相信慈爱友善的船长会来救自己，所以他一直没有放弃活的希望，鼓足勇气朝前不断地游。船长发现男孩失踪，犹豫了一下，但还是下令返航，终于在孩子就要坚持不住的时候赶到了。孩子苏醒后跪在地上感谢船长的救命之恩，他告诉船长："我相信您会来救我的！"这时白发苍苍的船长扑通一声跪倒在黑人孩子面前，泪流满面地说："孩子，不是我救了你，而是你救了我啊！我为我在那一刻的犹豫而感到耻辱……"

黑人小孩因为对船长的信任让自己战胜了对死亡的恐惧，而船长因为被黑人小孩信任而感动，使自己的灵魂得到升华。

第三，分享才是快乐的真谛，你要学会与人分享。有人说："把自己的快乐与人分享，就变成了两份快乐；把自己的痛苦与人分享，就变成了半个痛苦。" "孔融让梨"的故事尽人皆知，这个故事告诉我们要谦虚礼让，学会分享。

分享，就是把自己拥有的东西和别人一起使用，将自己的快乐、机会、好处同别人一起体验，和别人一起分担痛苦的行为。懂得了分享，才能得到真正的快乐，善于分享的人才能与人和睦相处、共同享受、共同分担、积极合作，才能更好地融入社会，在社会上立足，并建立自己的人脉关系。如果一个人从小就养成自私自利的习惯和冷漠任性的性格，那么当他长大成人之后，就会带着这种习惯走向社会，不能与人互帮互助，不能与人分享快乐和痛苦，那么，他碰到的挫折和麻烦将是无法预料的。

所以说，分享是一种美德，更是一种快乐。孩子，你要记住：分享能够让人减少痛苦，获得快乐。一个人在生活中需要与人分享自己的痛苦和快乐，没有分享，你的人生就会缺少一种幸福。

可是在现实生活中却有很多孩子不懂得分享的真谛，总是希望独自拥有一切，或者只想让别人分担自己的痛苦，却不想和别人分享自己的快乐。

一名高三的同学因自恃清高性格孤僻，从来不和别人打交道。他成绩优异，每次都拿第一，却因此对别人不屑一顾，认为其他同学智商太低、太笨，完全不能同自己相比。他总想着把自己的学习生活封闭起来，不让别人看见，从来不愿意和同学讨论学习问题，不愿意和同学分享好的学习资料、好的经验，也不愿意和他们在一起聊天玩耍，甚至连一本书也不愿意借给别人……总之，一切有益于发展的东西都不愿意拿来跟别人分享，因为他害怕别人分享后就会有和他一样的收获，就会超越自己，所以总是一个人独来独往。长期如此，很多同学觉得他自私、狭隘，原本对他敬佩不已的同学也渐渐疏远了他，于是他变得越来越不合群，最后，整天除了学习外，不再有任何生活乐趣。

一个人的快乐是寂寞的，与人分享的快乐才是真正的快乐。分享是一种美德，是我们在成长过程中的一座里程碑。所以，如果你想让自己成为一个受人欢迎的人，就要树立正确的价值观，学会分享，使自己走好人生的每一个阶段。

第四，在别人需要帮助的时候你要伸出援助之手主动去帮助别人，"帮助别人"小可以是个人助人为乐，大又可以到全社会的扶危济困。如果每个人都去帮助需要帮助的人，那么这个世界就会变得和谐而美好。

有一个《天堂和地狱》的故事，说的是有人向上帝询问天堂和地狱的问题。上帝带这个人来到一个房间，对他说："来吧，这里就是地狱。"只见屋里有一群人围着一大锅肉汤，但每个人看起来都营养不良、绝望又饥饿。原来他们每个人都有一个可以够到锅的汤匙，但汤匙的柄比他们的手臂要长，自己没法把汤送进嘴里。

"来吧，我再让你看看什么是天堂。"上帝又把这个人领入另一间房。这里看起来和上一个房间没什么不同，也是有一锅汤、一群人、一样的长柄汤匙，但一人舀汤，让另一个人喝，这样所有人都能喝到汤，大家都在快乐地歌唱。

"这是为什么呢？天堂和地狱竟然有一样的待遇和条件。"

上帝说道："很简单，天堂和地狱取决于一个人是否快乐。一样的待遇，但是天堂的人懂得互相帮助，所以他们快乐，而地狱的人不懂得互相帮助，所以他们很悲惨。"

另外，你在帮助别人的过程中，慢慢地就会发现，帮助别人也是在帮助自己。

有一个盲人，晚上出门总是提着一个明亮的灯笼。有人看到了，觉得很不解，便问他："你又看不见，为什么还要提着灯笼走路？这样没有意义啊。"

盲人认真地回答："为什么没有意义？我提灯笼当然

自己看不见，但不代表别人都是瞎子啊，我是为了给别人照亮，让他们能看见我，这样我在帮助别人的同时，也等于帮助了自己。"

最后，需要注意的是，在帮助别人的时候不能带有私心，只想回报，也不能因为自己帮助了别人就产生一种高高在上的感觉。

有一个母亲，遇到一个独臂的乞者来家中乞讨，母亲却让那个独臂人将门前的砖搬到后院。一开始，那个独臂的乞讨者感到很惊讶也很愤怒，认为这个母亲在捉弄他，转身想走。但是那位母亲叫住他，用一只手臂示范着搬完了10块砖。乞讨者似乎领会了什么，便按照这位母亲的话去做了。当他完成之后，这位母亲给了乞讨者20元的劳动费，乞讨者鞠躬而去。事后，女儿问母亲："把砖搬到后院对于您来说并没有什么意义，那您为什么还要让一个独臂的人去做这么辛苦的工作呢？为什么不直接给他一点钱呢？"母亲说道："直接给他钱就等于把他当作了一个乞丐，而我是把他看作一个和我们一样的人，一个人只有通过自己的劳动拿到报酬，才会心安理得，他才会懂得自力更生的道理。"

十几年后，那个昔日的乞丐已经变成了风度翩翩的老板，他再度找到这家人，准备报恩，因为是这位母亲才使他取得今日的成就。可那位母亲只淡淡地说了一句："我有两只手，你把东西送给没有手的人吧！"那人一愣，接着热泪纵横，又深深地鞠了一躬。

总之，不要把帮助别人当作一种施舍，而是应该当作一种责任，把自己当成一个普通的人来面对周围需要帮助的人和事。在帮助的行动当中，谨记"授人以鱼不如授人以渔"，这是最高层次的帮助，"鱼"是物质资助，而"渔"则指培养起受助者自强自立、自力更生的能力，甚至帮助其从受助者成长为可以施助于他人的人。

有一个人向释迦牟尼哭诉：我无论做什么都失败，这是为什么？"这是因为你没有学会给予别人。""可是我是一个一无所有的穷光蛋啊！""并不是这样的，"释迦牟尼说，"一个人即使没有钱，也可以给别人七样东西：第一，颜施，就是用微笑与别人相处；第二，言施，就是对别人多说鼓励的话、安慰的话、称赞的话、谦让的话、温柔的话；第三，心施，就是敞开心扉，对别人诚恳；第四，眼施，就是以善意的眼光去看别人；第五，身施，就是以行动去帮助别人；第六，座施，就是将自己的座位让给老弱妇孺；第七，房施，就是将自己空下来的房子提供给别人休息。无论谁，如果有了这七种习惯，好运就会随之而来。"

这个小故事很值得我们细细品味。释迦牟尼所说的七种布施，真的是每个人都可以做到的，我想，这就是爱别人的表现与真谛吧！我们要做一个懂得爱的人，让自己在感受"被爱"的同时体会到"去爱"的快乐，只有这样，才能获得高尚的人格，慢慢走向成功。

第六章

孩子，爸妈希望你无忧无虑地长大，但是并不代表浑浑噩噩

孩子，爸爸妈妈会尽可能地照顾你、保护你，因为你是我们心中的宝贝，我们会尽自己的一切努力给你提供无忧无虑的环境让你健康成长。

但是这并不代表你可以无条件地享受这些，毕竟你已经不是小孩子了，而且总要长大，总要自己去面对生活中的风风雨雨。

一个人的人生总是需要磨炼的，没有经历过磨炼的人生是经不起成长的，没有经历过困难的人更不可能有所成就。所以，孩子，你也要像小树苗一样经历风雨，像雄鹰一样接受痛苦，在生活中不断锻炼，才能更加独立更加顽强地面对人生路上的一切遭遇。

爸爸妈妈希望你能快乐地长大，同时也希望你能做一个负责任的人，能够承担一切，忍受痛苦，学会依靠自己，学会战胜挫折！

1. 自己的事情自己做，才能成就未来

故事导入：

这是一群美国中小学生到中国旅游的事例。

为了锻炼自己的生活能力，一群美国的中小学生利用假期的时间到中国生活，他们吃住都在中国人家里。戴维是年纪最小的一名学生，刚刚满10周岁，却独自背着一个与自己年龄很不相称的大背包，看起来很是笨重。他住的那户人家很不解，"美国的孩子怎么这样，那些年纪大的孩子也不帮帮忙。"但是他们也没说什么。

第二天，他们和中国孩子一起去游长城，同行的一名中国学生想学雷锋，助人为乐，便走过去对戴维说："你的包这么重，还是我帮你背吧。"不料戴维睁大双眼，疑惑不解但又彬彬有礼地说："谢谢，但是为什么呢？这是

我自己的东西，本来就该我自己拿啊！"其实戴维的哥哥姐姐都参加了这次活动，和她走在一起，而且他们各自背的包要轻巧得多，只是戴维一直习惯了外出自己拿东西。尽管包很重，但是他玩儿得很开心。

相比之下，中国的孩子却普遍缺少独立意识和自主能力。

一个冬天的早上，寒风凛冽，一名五六年级的小女孩好像要迟到了，一个劲儿地对着爸爸喊："你快点给我叫车，要不我就迟到了！"可她却在报亭后面躲避狂风，一副事不关己高高挂起的样子。

在这个寒冷的冬天，爸爸却急得都出汗了，一手拿着女儿的书包，一手不停地挥动，为女儿打车……

真不知道上学究竟是谁的事，迟到了是谁的责任。

孩子心声：

我是家里的独生子，从小就被爸爸妈妈、爷爷奶奶宠着、爱着，在这样的环境中长大，根本不知道什么是"劳动"，也不懂怎样去"劳动"。因为小时候爸爸妈妈总是怕我磕着、碰着，对我百般呵护，什么事也不让我做；等我稍微大点，上幼儿园之后，爸爸妈妈怕我不适应幼儿园的生活，对我有求必应，根本不会让我去做事；上学之后，更是怕我辛苦，只让我学习、看书，什么也用不着我做。他们说："只要我好好学习，取得好成绩，就是对他们最好的回报，别的什么也不用管。"当然了，我自然也不想管，谁愿意去做那些扫地、擦桌子的小事啊，又累又脏，不让我干活我就阿弥陀佛了，更别提主动去做了，我写完作业还想玩会儿游戏、看会儿电视呢！

家长回应：

  孩子，人生是一次次"断乳"的过程，随着你不断长大，需要学习的不只是"两三岁背唐诗、四五岁说英语、上学之后学习各门课程"，你还必须学会自己照顾自己，学会自己独立生存，养成自食其力的习惯。如果一个孩子没有生活能力，不懂得保护自己，那么即使这个孩子门门功课出类拔萃，又能怎样？

  爸爸妈妈可以照顾你一时，却不能照顾你一辈子，总有一天你要独立生活，要走向社会，甚至在将来的某一天你可能还要照顾爸爸妈妈的起居生活，要帮助你的孩子洗衣做饭。不要以为这些很遥远，人生短短几十年，有些事，只能你一个人做；有些路，只能你一个人走。

  所以，你无论做什么事情都应尽心尽力，只有这样才能逐渐地锻炼自己，使自己具备独立生活的能力，爸爸妈妈才能放心地让你独自去生活。可是看到你那凌乱不堪的房间、乱七八糟的书包、趾高气扬指使别人的神态，我们就感到很失望——你为什么连最基本的事情都不做呢？为什么干什么都要爸爸妈妈说呢？为什么一点自觉性都没有呢？难道是爸爸妈妈过于娇纵，把你惯坏了？连力所能及的事情都不做，还有什么资格要求爸爸妈妈给你买这买那呢？

  我们认为，你已经到了明白道理的年纪，也具备了一定的自主意识和自主能力，于是爸爸妈妈下了决心：不再盲目地娇惯你，一定要让你养成"自己的事情自己干"的好习惯。孩子，从现在起，努力养成自立的好习惯吧，相信你会成为一个比现在的你更独立、更能干的人！

给孩子的建议：

某人在屋檐下躲雨，看见观音撑伞走过。这人说："观音菩萨，普度一下众生吧，带我一段如何？"

观音说："我在雨里，你在檐下，而檐下无雨，你不需要我度。"这人立刻跳出檐下，站在雨中："现在我也在雨中了，该度我了吧？"观音说："你在雨中，我也在雨中，我不被淋，因为有伞；你被雨淋，因为无伞。所以不是我度自己，而是伞度我。你要想度，不必找我，请自找伞去！"说完便走了。

第二天，这人遇到了难事，便去寺庙里求观音。走进庙里，才发现观音的像前也有一个人在拜，那个人长得和观音一模一样，丝毫不差。这人问："你是观音吗？"那人答道："我正是观音。"这人又问："那你为何还拜自己？"观音笑道："我也遇到了难事，但我知道，求人不如求己。"

随着独生子女的增多，很多孩子从小到大一直备受呵护，家务劳动一直是父母动手，甚至全包，导致孩子不仅不知道为家里干活，甚至洗一条裤子或整理一下书包也是让父母代劳，连最简单的劳动都不愿干、干不了。这些孩子心目中对享乐的渴望多于对生活的责任和义务，因此，现在的中小学生最大的特点就是依赖性很大，怕苦怕累，缺乏责任感。他们好吃懒做、不想劳动、不爱学习，只是一味地得过且过、依赖别人。

有研究表明：中国中小学生的动手能力、操作能力与实践能力很差。不少中小学生不会叠被子，不会洗衣服，更别说自己做饭了，生活依赖性强，遇到困难总想着让家长或老师解决，甚至有的家长还要跟着孩子去"上大学"。

一个人的一生将会面临很多台阶，那么你怎样攀登这些人生的阶梯，是让父母牵着手、搀扶着上，还是自己去攀登？你要明白，求人不如求己的道理。如果一直跟在父母后面，就会产生依赖性，把父母当成拐棍而难以自立，更难立足于社会。我们要培养自己的生活自理能力和良好习惯，让自己变成独立、自主、自强的新一代好青年。

第一，你要从小养成自己的事情自己做的习惯，培养自己的生活自理能力，凡事不让家长代劳。

你自己的书包、书籍、玩具等物品自己整理，自己的房间自己打扫，自己的被褥自己收拾，自己的衣服自己清洗，绝不能认为，妈妈替你收拾书包、打扫房间是天经地义的事。如果爸爸妈妈想给你帮忙，不要马上推给他们，而是应该对要帮忙的爸爸妈妈说："这是我自己的事，我自己来！"

不要以为这些都是小事，父母顺便就能帮自己做，而且会比自己熟练，根本不需要自己动手。虽然你一开始做起来很生疏，动作也不利索，做事情还可能会经常出错，时间也会用很多，但正是这些力所能及的小事才能形成自己独立自主的意识，培养自己生活自理的能力。你应该认识到任何事情都是经过锻炼才能熟悉的，只有多锻炼，你才会逐渐从不会到会，从做不好到做得好。

所以，凡是自己能做的事情就要自己做，该完成的任务一定要自己完成，不要怕自己干得不好，也不要怕做错事情，更不要怕苦怕累，什么事情都不插手，你要在享受自由的同时承担责任，不能事事依赖别人。只有在培养自己独立性的经历中，你才能感受到自己是有价值的。

　　健健是一名小学五年级的学生，由于家里只有这么一个宝贝儿子，所以家人从小就对健健百依百顺。正因为每天被爷爷奶奶、外公外婆、爸爸妈妈呵护着，他从小就养成了娇生惯养、好吃懒做的毛病，自己的事情从来不自己做，全都依赖父母，唯一的事情就只有每天按部就班地上学、放学、写作业，周末按照爸爸的安排上培训班，生活看起来很有规律，但却没有自己的主见和计划。

　　有一次，新学期开学，健健刚从学校放学，吵着要正在厨房里煮饭的妈妈为他包书皮，妈妈正忙得脱不开身，就说："墙上有日历，你自己试着包吧，要不等晚上再给你弄。"没想到健健居然大吵大叫，感到很委屈，故意将纸屑丢了一地，而且书皮也没包好。

　　这是一个典型的不能独立的例子。包书皮，对于一个上小学五年级的孩子来说并不难，为什么一定要父母代劳呢？况且，给自己的书包书皮本来就是自己的责任，还要理直气壮地要求父母、依赖父母，这样什么时候也长不大。经常依赖父母的结果，就是使自己变成没有自主能力的寄生虫，凡事都听别人的，就算轮到自己做主的时候，也已经失去了这种意识和能力，只能眼巴巴地听别人的指挥。

　　第二，你要帮助父母干力所能及的活儿，适当地分担家务。

　　如果你是一个懂事、负责任的好孩子，就应该在家里设立自己的劳动岗位，如擦桌子、扫地、拖地板、择菜、洗菜、洗碗、倒垃圾等，也可以帮助父母去购买一些小东西，比如酱油、盐等。另外，也要积极为同学或者集体、社会做贡献，例如，主动帮助同学解决问题，为邻居送信、送报纸，在学校当好值日生，多做好事等。即使父母为了让你多一点学习的时间，让你去看书，不让你干家里的活，你也应该坚持说："我也是家庭的一员，做家务也有我的一份责任。"

帮助父母做家务不仅可以锻炼自己的动手能力和解决问题的能力，提高自己的逻辑思维能力，而且通过做家务，你还可以充分体谅父母的辛苦，培养自己的责任心，还能提高自己的自我效能感，让自己做起事情来更有信心。另外，在学习之余，进行一定的劳动能让大脑得到充分的休息，劳逸结合能让学习更有效率。

苏星生长在农村，爸爸妈妈都是普通的农民，他从小就知道理解父母的辛苦，养成了独立自主的习惯，在学习之余经常帮助父母做一些力所能及的家务，减轻他们的负担。

每周末家里都要进行大扫除，苏星也主动参加。一开始，他不知道怎么劳动，但是在爸爸的示范和妈妈的帮助下，10岁的苏星拖地、擦玻璃都做得有模有样。

不仅如此，暑假的时候，苏星还跟着爸爸去田里劳动，去感受劳动的辛苦与乐趣。

在这样的生活环境下，苏星养成了吃苦耐劳的好习惯，他坚信：爸爸能做到的，他也能做到；别人能做到的，他照样能做到。他把这种习惯也发扬在了学习上，学习成绩一直名列前茅。

第三，你要培养自己学习的独立性，自己为自己负责，自己动脑筋解决问题。

首先，你要明白，上学是自己的事，父母不可能为你包办一切。你要自己为自己设置闹铃，每天早晨闹钟一响，你就应该马上起床，不要指望爸爸妈妈天天叫你，就算再困也要马上起来；遇到刮风、下雨、下雪的天气，不能退缩，更应该提早起床，早一点出家门，绝不能迟到；做作业也是如此，只要自己能解决的问题，就不要依赖父母和老师帮你想办法，别人帮助你想，你自己怎么能得到提高呢？

你应该知道，你正处于受教育阶段，学习是最主要的任务，而良好的学习习惯是取得好成绩的法宝，只知道被动地接受知识，自己却不动脑筋去思考，这样是行不通的。所以，你不要以为自己的成绩就是家长和老师负责的，学习不好就怪环境不好、老师教得不好，而忽视自己的因素，这样你永远不能取得好成绩。这一切你都不能依赖父母和老师，更不能把自己学习不好的责任推给别人，你要明白"我是学生，上学是我的责任"，要养成"独立"学习的习惯。

第四，你不要忽视每件小事，把小事做好才能成就大事。

很多人总想着去做一些惊天动地的大事，却忽视了身边举手之劳的小事。要知道，一屋不扫，何以扫天下？连小事都不会做还想肩负重任，这是不可能的，只有尽心做好自己身边的每一件点滴小事，才能为做大事奠定基础。

笑笑是一名小学四年级的学生，由于从小娇生惯养，在家里什么家务劳动都不做，在学校也是得过且过，从来不主动做值日、擦黑板，就是轮到自己这一组值日，也是拖拖拉拉、磨磨蹭蹭，等到别人快做好了才慢吞吞地拿起扫帚装模作样。

有一次，班上举行班干部选举，笑笑竟然被选举为卫生委员。原来是同学们觉得她总不干活，想以此"职务"来约束她，"都当上卫生委员了，看她还好意思偷懒不？"笑笑回到家心情很不好，因为她一直想当班长，没想到却被选为"倒霉的"卫生委员。

爸爸发现笑笑的苦恼之后，对她说："爸爸理解你的心情，你是因为被选为卫生委员，没当上班长才感到伤心的。当上班长的确是一件值得骄傲的事情，所有的人都想当班长，但是，你想过没有，为什么同学们都选你来当卫生委员呢？是不是你平时有哪些地方做得不好，是不是你也应该锻炼一下自己这方面的能力？卫生委员并没有什么不好，反而更能锻炼人。既然你已经当上了卫生委员，就要想一想自己需要做的事，从扫地、擦玻璃等每一件小事做起，认真做好卫生委员的工作，让大家心服口服。只要你认真做了，老师和同学们自然就会发现并认同你的能力，你就会成为老师和同学们喜欢的班干部。"

第五，你要养成做事有始有终的习惯，遇到困难的时候要鼓励自己坚持下去。

美国心理学家威蒙曾对150名有成就的较高智商者进行研究，发现他们的成功主要因为具备了三种品质：一是坚持到底的精神，二是为实现目标不断积累的品质，三是自信。由此可见，坚持不懈的毅力和恒心对一个人的成功有多么重要！不积跬步，无以至千里；不积小流，无以成江海。缺乏坚持力的人是无法取得成功的，你只有具备坚毅的品质和不放弃的精神，才有可能让自己的人生走向辉煌。

小翔虽然已经上初中了，但是做起事情来还是毛毛糙糙的，一点坚持力也没有，总是摸摸这个、动动那个，什么都做不完。有一次，学校大扫除安排他擦玻璃，但是他擦了半天总也擦不干净，只擦了一块就不擦了；在班里轮到他值日，但是黑板只擦了一半，看到同学们在操场踢球，就把抹布随便一扔，跑出了教室，结果等到上课的时候黑板上还写着上节课的内容，当然少不了被批评；每次学校组织体育测试，他没有一次坚持下来过，800米只跑一圈就跑不动了，非得要停下来，导致自己的体育成绩总是不能及格；学习上更是如此，虽然每天放学回家就开始做作业，但是，总是数学作业还没做完，遇到难题就扔下去背英语，英语还没背熟，烦了又去做语文作业。而且通常无法坚持学习半小时，总是刚拿起书，就去听歌，不一会儿又躺在床上，或者边写边看电视，每天到晚上10点钟作业都写不完，严重影响了自己的正常作息和生活规律。

生活中像小翔这样的孩子并不少见，做事总是虎头蛇尾，半途而废。坚持力是衡量一个人心理素质和心理健康的标准之一，难以取得成功最主要的原因就是没有坚持力、没有耐心，难以善始善终，这些都会给你的学习和生活带来挫折。

所以，你一定要培养自己的坚持力和坚忍不拔的性格，不要三天打鱼两天晒网，对任何事物都是三分钟热度，更不要遇到一点困难就打退堂鼓，无法坚持下去。如果这条路行不通，就试试其他的方法，总有一条路会成功的。

第六，凡事要敢于尝试，善于抓住机会，不要患得患失、畏首畏尾。

有两个学生英语成绩都不错，而且口语水平也相当，老师建议他们去参加一个高级的英语阅读课。其中一个学生很是兴奋，跃跃欲试；可另一个学生却胆怯了，他认为自己的水平不够，不敢去参加，于是选择和初学者一起学习。不用想也能猜到哪一个孩子将来会更有出息。

在日常生活中，你要多给自己一些接触社会、接触自然的时间和机会，让自己去尝试不同的事情。比如周末、节假日或者寒暑假，可以去郊外、公园游玩，也可以到少年宫、博物馆、展览馆等场所，让自己在观察事物中学会发现问题。相信你接触的事物越多，产生的新想法、新创意也就越多，你就越能抓住机会，提高自己的创造力。

只有养成自己能做的事情自己做、自己不会做的事情学着做的习惯，才能让自己独立起来，自己攀登人生的每一级台阶；才能一鼓作气，用自己的双手创造美好的未来，登上最辉煌的顶点，那么你才会真正的快乐，才会体会到成长的酸甜苦辣，你的人生才会绚丽多彩。

2. 成长从承担责任开始

故事导入：

　　乔治•华盛顿是美国第一任总统，他小时候是个聪明又淘气的孩子，好奇心很强。有一天，父亲送给他一把崭新的斧头，特别锋利，华盛顿特别高兴！他想，这斧头究竟有多厉害呢？能不能砍倒一棵树？他马上想到了花园里的樱桃树，于是想在父亲悉心照顾的樱桃树上试试自己的小斧头。他哪里知道这棵樱桃树的稀有和宝贵，不由分说就举起斧头向樱桃树砍去。一下，两下……樱桃树终于倒在地上了。

　　傍晚，父亲像往常一样回到花园去看他的樱桃树。看到倒在地上的樱桃树时，父亲生气地大声叫嚷："谁砍了我的樱桃树？"华盛顿这才明白自己闯了祸，心想："今天肯定得挨揍了。"但他顶着巨大的压力，还是勇敢地承认了自己的错误："爸爸，樱桃树是我砍倒的，我想试一下小斧头快不快。我知道我做错事了，我愿意为我犯的错误承担责任，请您惩罚我吧！"

出人意料的是，华盛顿的父亲并没有在盛怒之下责骂他，更没有打他，反而一下把他抱起来，温和地说："失去了一棵树，爸爸当然难过。但是一个勇敢诚实的孩子比一个种满樱桃树的果园要珍贵得多，爸爸宁愿损失一千棵樱桃树，也不愿你说一句谎话，你敢于向我认错就是好孩子，爸爸原谅诚实的孩子，不过，以后再也不能随便砍树了。"

华盛顿从未忘记这一点，他一直像小时候那样勇敢、诚实，并最终成为受人尊敬的总统。

勇于承认错误是负责任的表现，也是一个人应有的基本品质之一。但是生活中有很多中小学生缺乏这种品质，根本不懂得对自己的行为负责，上学迟到了不认为自己有错，反而责怪天气不好；忘了带学习用品，不认为自己有错，反而抱怨妈妈没给他放到书包里；成绩不好不知道从自身找原因，反而抱怨老师讲课不好；自己犯了错误闯了祸，却把一切责任都推给别人，甚至不惜撒谎……

孩子心声：

爸爸妈妈总是埋怨我不敢勇于承认自己的错误，但是你们有没有想过：我为什么不敢呢？不敢就是因为害怕，是因为爸爸妈妈会因为我不经意犯下的小错而对我大发雷霆，甚至大打出手，根本不能理解我的立场，也不知道站在我的角度考虑问题，有时候甚至会把我的好心都扭曲了。比如，有一次我想帮爸爸妈妈干点家务，于是在他们不在家的时候主动擦玻璃，可是我以前没干过，笨手笨脚的，玻璃还没擦完，却把房间搞得乱七八糟，还不小心弄坏了一块玻璃。爸爸妈妈回到家根本不会在意我是处于什么心情和目的，只认定我犯了错误，劈头盖脸地把我骂了一顿。从那儿之后，我再也不想帮着家长干活了，就算犯了错误也不敢说了。

你们只看到华盛顿勇于向爸爸承认错误了，却没有看到爸爸的态度。如果华盛顿的父亲像你们一样，因为他砍倒了心爱的樱桃树而大发雷霆，把他痛打一顿，那么华盛顿就不会这样勇敢、诚实地承认错误了。所以，你们有什么资格怪我说谎、掩盖错误呢？不会犯错的那是圣人，更何况我刚生下来什么也不懂，就算犯错误，也与你们的教育方式有关。当我犯错误后，需要的不是劈头盖脸一顿训斥，也不是阴阳怪气的嘲讽，我需要的是生活中最重要的人的理解、支持与鼓励，需要你们和我一起手拉手去面对错误、解决问题，这样我即使犯了错误也会勇于承认。

家长回应：

首先，爸爸妈妈向你检讨自己的态度，有时候对你要求过于严格，当你犯错、闯祸之后，总是忍不住会批评你几句，也许这就是"爱之深，责之切"吧，我们总是希望你能事事做到最好，却忽视了你还是一个什么人生经历都没有的孩子。但是，相比一个"什么错都不犯"的孩子而言，爸爸妈妈更希望拥有一个"知错就改"的孩子，所以，当你犯错误后，我们一定会设身处地地理解你的心情和苦恼，冷静地对待你的错误，给你以特别的关怀和安慰，不会着急、气恼，更不会不分青红皂白地斥责你、埋怨你、奚落你，甚至体罚你，即使你遇到很大的过失和失败，也不会再用严厉的教训或惩罚对待你。

但你也一定要养成为自己的错误负责的习惯。美国总统华盛顿砍倒樱桃树并勇于认错的故事广为流传，它告诉我们：人犯错误不可怕，可怕的是没有承认错误、承担责任的勇气。

从你背起书包上学那天起，你就从一个幼儿变成一名学生了，于是你就有了作为一名学生的责任与义务。如果你是一个有责任感的人，就要为自己说过的话、做过的事、犯下的错误负责，绝不能推卸自己的责任。

不要觉得你打了别人，爸爸妈妈就应该为你去向别人赔礼道歉；不要觉得你弄坏了别人的东西，爸爸妈妈就理所应当地为你出钱赔偿；更不要觉得你不好好学习，不努力做事，爸爸妈妈就会养你一辈子……你现在很小，爸爸妈妈当然要保护你，为你尽义务和责任，为你承担一些责任和过失，无论你惹出怎样的麻烦，爸爸妈妈都会出面为你解决。但是这些都是暂时的，随着时间的流逝，你总要长大成人，总要自己去面对生活中的风风雨雨，总要自己为自己的人生负责，将来还要为另一个人的人生负责。这些都要求你必须具备很强的责任感，学会自己承担一切，否则你就是一个不可靠的人，没有人会愿意与你合作，也没有人愿意跟你打交道，更没有人会愿意向你托付终身。

犯错误是每个人都要经历的事情，是走向成功必不可少的过程。孩子，犯错并不可怕，可怕的是不肯正视和承认自己的错误。你要记住，你被凳子绊倒，不要责怪凳子，是因为你不小心；上学迟到不是因为妈妈没有叫你，而是你没有按时起床；成绩不好，不是因为老师没有给你讲，而是你没有用心听；砸坏了玻璃不是因为玻璃易碎，而是因为你太鲁莽……懂得为自己的错误埋单，才算真正的成熟。

亡羊补牢，还不算晚，无论你犯了什么样的错误，只要虚心接受，及时改正，就是爸爸妈妈的好孩子，即便造成了巨大的损失，也是成长中的一笔财富，会给你以后的人生带来很大的帮助。

给孩子的建议：

人非圣贤，孰能无过。尤其是对于还处在青春期的你们来说，生活经验不足，生活阅历不够，对事物的认识还不深刻，所以犯错误是可以理解的，也是不可避免的。每个人在成长的过程中都离不开经验和教训的积累，人是在错误中不断成长的，如果你从来不犯错误才是不正常的，那就说明你缺少足够的社会经验和实践活动，在遇到问题时只会束手无策，根本不会有解决的办法。

过失和错误是决定自己是否成才的关键因素，能否合理正确地处理过错和失误对一个人的成长起着关键的作用。如果处理不当，轻视自己的错误，就会变得没有责任心；如果过分在意自己犯的错误，就会导致精神极度紧张，变得患得患失；而如果处理得当，就会让自己吃一堑长一智，由错误获得宝贵的经验和教训，并由此走向成熟，成为一个有高度责任感的人。所以，犯错并不可怕，可怕的是没有正确对待自己的过错。

第一，当自己做了错事，或者是做了没礼貌、损害别人利益的事情一定要亲自向别人道歉，不能若无其事地当作什么也没发生，更不要觉得家长替自己认错、道歉就会减轻自己的过错，就会风平浪静。这样不仅使自己不能正确认识到自己的错误，还会增加自己犯错误的概率，甚至使自己为了错误遭受更巨大的代价。

志海是一名初二的学生，家境贫寒。但从小到大，父母对志海都是疼爱有加，任何事情都帮他解决，养成了志海不肯承担责任的毛病和叛逆、没有责任心的缺点。干什么都有恃无恐，气焰十分嚣张，不管他是犯了错误或者闯了祸，都会求助于父母，让爸妈帮着解决。

有一次，他在学校打架斗殴，校方要求其转学，而转学所需要的费用是这个贫困的家庭负担不起的。事情发生后，志海表现出一副满不在乎的样子，认为自己没有什么错误，打架是"帮哥们的忙"，而且觉得自己不上学还可以去打工、做生意。

反倒是志海的爸爸妈妈心急如焚，去医院看望被打的同学，去学校求学校领导网开一面，多方奔波。他们担心这件事会对志海的心灵造成伤害，可志海却好像置身事外一样，整天游手好闲，根本没有意识到自己的错误，更别说去向那位同学道歉了。

如果志海亲自去给同学道歉，或者为自己的过失负一定的责任，而不是"逍遥法外"，让家长代替他道歉，那么也许学校会网开一面，给他一次机会，那么不仅家里不会为他支付不必要的费用，志海还可以获得继续读书的机会。更重要的是，在以后的人生中，他会逐渐学习如何转变为一个有责任感的人，一个对自己的过失负责的人！但是志海这种"事不关己""不肯承认错误"的态度只能让学校把他开除了。

中国有句古话："好汉做事好汉当。"你在成长的过程中，一定要正确对待自己所犯的错误，增强自律精神和责任心，以便将来独立地承担自己的责任和义务，顺利地进入社会生活，实现自己的梦想。

第二，不要忽视自己犯下的每次小错。有的孩子只在自己闯大祸的时候惊慌失措，比如在学校打群架被校领导抓住就会很害怕，怕学校处罚，甚至把自己开除。而当自己在生活中犯下小错的时候，比如，摔坏碗、弄坏东西之类的，就觉得没什么大不了的，再买个新的就行了，甚至当父母批评的时候，还会觉得委屈，认为父母是小题大做，故意和自己计较。

你要知道，家长和你计不计较是一回事，你能否认识到自己的错误又是另外一回事。其实，有些小错误常常是自己做事态度不端正引起的，如果不及时纠正，往往会养成不良的行为习惯，甚至使自己的人生观、价值观出现偏差。正是对自己"犯小错"不以为然，才为"闯大祸"埋下了伏笔。如果你一直"小错不断"，就不会"大错不犯"，如果不加以重视，总有一天会因为这种坏习惯而闯下大祸。所以，哪怕自己只是犯了很小的错误，也要端正自己的态度，防患于未然。

萌萌上小学一年级。早上起床吃早餐时，不小心把牛奶打翻了。事情发生后，她无动于衷，丝毫没放在心上。妈妈看见后，严厉地对她说："你把碎片清理好，以后注意别犯这种错误！"萌萌很不高兴地说："不就是一个杯子吗？我又没犯什么大错，至于这么大惊小怪的吗？再说我上学要迟到了，反正您也不上班，还是您清理吧！"萌萌犯错后不仅没有意识到自己的错误，反而振振有词，让妈妈很生气。妈妈对她说："你不要觉得一个杯子没什么，妈妈也不会在乎这个杯子，更不是没时间清理。问题在于你自己，不要以为错误小就可以忽视，错了就是错了，错误并没有大小之分，重要的是你要意识到自己的错误，并且诚实地承认错误，想办法弥补。"

听了妈妈的教育，萌萌向妈妈道了歉，并且把玻璃碎片清理好之后才去上学。

第三，当自己犯错时，不要怨天尤人，也不要无休止地埋怨自己，而忽视如何解决问题。

很多孩子似乎都明白这个"道理"，那就是：埋怨别人可以减少自己的错误。于是为了避免承担责任，很多人往往把自己的错误归咎于环境、社会、其他人等因素。不要以为把责任推给别人就能减少所犯的错误，这根本不是解决问题的办法，反而是"下下策"，不仅不能弥补所犯的错误，而且埋怨别人还会造成人际关系的紧张，使自己的人缘越来越差，甚至失去身边的真心朋友。

也有的孩子在犯错之后，拼命地自责，觉得自己什么事都做不好，却不去想办法把错误造成的损失降到最低。这也是不可取的，因为埋怨自己既不能从错误中得到教训，也不能挽回所造成的损失。

所以，要学会冷静地对待自己的错误，客观地分析原因，考虑弥补错误的方法，使自己下一次做同样事情时不再犯错。不能埋怨任何人，更不能陷入无休止的自我埋怨之中，错失解决问题的最好时机。

第四，你要拿出诚意和行动，努力对自己的过失负责。不要觉得自己还小，根本没有能力为自己的过失负责，只要你想做，就一定会做到！在美国人的教育理念里，孩子理所应当地要为自己的行为承担责任。孩子打碎了邻居家的玻璃，他要用自己的钱来赔偿这块玻璃，如果钱不够，必须向家长借，但要制定自己的还款计划。不管是自己挣钱，还是靠平时的积攒，总之，孩子是不会得到家长的"补贴"的。

1920年的一天，一个11岁的美国男孩在踢足球时，不小心打碎了邻居家的玻璃，邻居向他索赔12.5美元。在当时，12.5美元是一笔不小的数目。闯了大祸的男孩向父亲承认了错误，父亲没有批评他，却让他对自己的过失负责。男孩很疑惑："可我没有那么多钱啊？"父亲拿出12.5美元说："钱我可以借给你，但你一年之内要还我。"一年后，这个小男孩凭着自己艰苦打工挣来的钱还给了父亲。这个小男孩就是后来让世人景仰的美国总统罗纳德•里根。他在回忆这件事时说，通过自己的劳动来承担过失，使我懂得了什么叫责任。

用自己的双手挣钱弥补错误，不仅是对自己所犯错误的补偿，而且只有付出这种代价之后，你才能接受这个宝贵的人生教训，懂得什么是责任！

为自己的错误负责不一定是让你放弃学业，打工挣钱，这也许对我们中国的国情并不适合，但是你可以通过其他的方式来承担。比如，弄坏了别人的东西，家长帮助你赔偿之后，你可以制定一个计划，通过帮助家长做家务等方式来偿还；也可以给自己制定一个目标，用自己的学习成绩来弥补错误；或者可以亲自动手做一件礼物送给对方表示歉意……其实，承担责任的方式有很多种，你的肩膀虽然稚嫩，但也具备承受自己错误的能力，而且生命中有些事情必须自己承担。只有从小对自己的行为负责，明白犯错误要付出沉重的代价，你才会变得勇敢、坚强，成为一个敢于担当的人！

3. 你要有属于自己的目标并为之奋斗

  弗兰克•冈索勒斯牧师是一个有主见的青年，在他读大学的时候，发现学校里很多制度都存在着一定的弊端。于是，他找到校长把自己的想法告诉他，希望校长能接受他的意见，改掉这些弊端，但遗憾的是校长没有采纳他的意见。于是冈索勒斯给自己制定了一个目标，那就是自己办一所大学，并在自己当了校长后彻底改掉这些弊端，让这所新的学校不受传统教育方法的约束。

  后来，冈索勒斯了解到，要实现自己办学校的目标至少需要100万美元，但从哪里着手去筹集这100万美元呢？等毕业后去挣，那太遥远了，而且100万美元也不是一笔小数目。这个问题成了冈索勒斯常常思考的问题。

  冈索勒斯认识到，具体的目标是一个人成功的起点。

于是他给自己定了一个期限，那就是在一个星期之内弄到所需的100万美元，怎么弄到呢？冈索勒斯不在乎这个，他觉得最重要的是自己已经做出了在规定的期限内获得钱的决定。同学们都认为他不切实际，觉得钱又不能从天上掉下来，哪能那么容易就筹到这么多钱！但冈索勒斯不以为然，他坚信自己可以筹到这笔钱。

他终于想到了一个办法。冈索勒斯拜访了报社，并宣布自己准备明天举行一个演讲会，题目叫《假如我有100万我将怎么办》。

冈索勒斯信心百倍地去演讲，并确信钱正在朝自己走来。由于他激动万分，出门时竟忘了带演讲稿，直到冈索勒斯站在讲坛上开始演讲时，才发现自己的疏忽。但是，冈索勒斯却意识到不能回去取演讲稿也能因祸得福，因为他相信自己的头脑里有需要的演讲材料。

冈索勒斯闭上眼睛，全神贯注地讲述自己的目标和梦想，吸引了台下的很多商界人士。

演讲完毕后，倒数第三排的一个有钱的商人站起来，说："小伙子，你讲得非常好，我喜欢你所讲的一切。假如你有100万美元，我相信你能做到你说过的你想做的任何事情。你明天早上来我的办公室，我决定给你100万。我叫菲利普·阿麦。"

就这样，年轻的冈索勒斯用这笔钱办了亚默理工学院，也就是现在著名的伊利诺理工大学的前身，他也成为备受人们爱戴的哲学家和教育家。

冈索勒斯用于办学的这100万美元是一个目标，而目标的背后，是一个获得钱的具体计划以及冈索勒斯的努力与尝试。

　　这个故事告诉我们一个道理，那就是：目标加行动等于成功的一半。

孩子心声：

　　我做事不能有始有终，而且总是一副懒散的样子，所有人都觉得我胸无大志，可实际上，我是有自己的目标的，我也希望自己能成为一个优秀的学生，成为一个大家都喜欢的孩子，我也希望自己的未来是光明的，自己能比别人强，让所有人刮目相看。尤其是每年过年的时候或者新学期到来的时候，我都会在心里默默给自己制定好多目标，比如，好好学习，争取这一学期进入班级前五名；一定要考上重点学校等。因为新年新气象，新学期新开始，我也想给自己一个重新开始的机会，但是郁闷的是，我知道自己想要的是什么，知道努力的方向，但我就是不能坚持下去，而且到了具体的事情上总是在拖延。晚上临睡前对自己说明天一定要早早起来晨读，可一到早晨就赖在床上不肯起来；每学期初总是承诺每天放学回家后一定先写作业，可和朋友们玩起来，就把承诺忘得一干二净，很晚才回家；每节课上课前都告诉自己一定要认真听老师讲课，可一到课堂上就听不进去，不是做小动作就是打盹……

家长回应：

　　孩子，人应该清楚自己想得到什么，不想得到什么，为什么要得到，这就是所谓的目标以及确立目标的原因。

我知道你的心中是有理想和目标的，因为每个人都对自己的未来抱有很大的期望和梦想，都希望自己能成为一个优秀的人。

可是，空有一个远大的理想和目标是不行的，你还必须有详细的计划并为之付出努力。每逢新年伊始或者新学期到来的时候，你都会给自己许下诺言，并规划出一幅美好的蓝图，信誓旦旦地告诉父母，你今年会有什么目标，但是你并没有拟定计划，更别提履行计划了，刚过几个月，你就会把自己的目标忘得一干二净。

其实，我们每个人都不能保证完完全全地实现自己的理想和目标，也不能保证完完全全地履行对自己许下的诺言。但是，最重要的不在于那个结果，而在于你是否有为了目标而奋斗的行动以及为了承诺而努力的意志。如果一个人只有空想，没有行动；只有承诺，没有意志，那么不要说一年，就连一天的目标也达不到。

那么，怎样才能实现你承诺的目标呢？首先，你要为自己的目标制订计划，没有计划的目标是毫无意义的；其次，为了履行计划，你必须具备足够的坚持力，时刻谨记自己的任务和计划，就算你一时玩得开心忘记了自己的承诺，事后也应该反省自己，绝不能重蹈覆辙；最后，你要尽力把自己正在做的每一件事做好，这就要求你必须明确自己做一件事的目的并将注意力集中在你所做的事情上，这样你就可以事半功倍。

孩子，不管是为了你的发展还是为了你的名誉，你都要记住这几点，并且尽力做到最好。当你尽心尽力去做的时候，你会发现实现自己的目标并没有想象中那么难。

给孩子的建议：

第一，你要明白确立目标的意义，给自己确定前进的动力。

目标就是帮助自己实现理想的阶梯，是激发自己前进的动力，有助于一个人自觉去做一件事，也更容易出成果，如果一个人没有目标，做事的主动性得不到提高，潜能无法发挥，就会失去方向，难以成就伟大的事业。

曾经有这样一个实验：有人组织3组人，让他们沿着公路步行，前往一个从未去过的村庄。

A组对于村庄的一切都一无所知，不知道村庄的名字，不知道有多远，只是一直跟着向导向前走。结果这一组的人刚走了两三公里就有人坚持不下去了，剩下的人也叫苦不迭，情绪越来越低落，大部分人都中途放弃。

B组知道去哪个村庄，也知道距离目的地有50公里。结果走到一半时有人叫苦，因为大家已经很累了，但是不知道自己走了多远，也不知道还有多长时间能到。走到40公里时，很多人放弃了，最后只有少数人到达终点。

C组不仅知道所去的村庄的名字、距离，而且路边每公里就有一块里程碑。结果大家一边走一边留心里程碑。每看到一个里程碑，大家就知道自己又前进了一公里。这组人一直充满着信心，情绪高涨，越走越起劲，不但没有叫苦，反而唱歌、说笑以减轻疲劳，基本上都怀着快乐的心情走到了目的地。

实验中的3组人分别代表了3种不同性格的人。

A组人只是对目标有一个比较模糊的认识，他们不知道要实现这个目标需要多长时间、需要付出多少代价，更不知道在实现目标的过程中可能会遇到什么挫折。这种人在向目标靠近的过程中，一开始激情四溢、信心百倍，但是这种激情和信心会随着时间的流逝而变淡，最后导致半途而废。

B组人知道自己的目的地，也能客观地认识到要到达目的地所付出的代价。但是由于没有好好地规划短期目标，在遇到困难的时候，感到力不从心，往往在快要到达目的地的时候，对自己产生怀疑，导致功亏一篑。

C组人不仅知道自己要达到目标所需经过的几个阶段，而且每过一个阶段，都能看见自己取得的成绩，知道自己离目标的距离。所以，他们就有了前进的动力，实现目标的过程不仅轻松愉快，而且效率很高。

这个看似简单的实验，说明目标的重要性，有计划和无目的的奋斗效果是完全不同的。在实现理想的过程中，有没有一个目标，目标是否明确，是至关重要的。所以，我们每一个人都要养成树立目标的习惯。

第二，你要给自己制定具体的目标，包括长期目标、中期目标和短期目标。

首先，你要认识到目标和现实之间的差距，不断强化自己的目标。很多孩子好像有自己的目标，但这个目标有时只是自己一时冲动的想法，而且由于涉世未深，一方面怀揣着对目标实现的渴望，另一方面又对目标实现过程中可能遇到的困难和挫折认识不清，也不知道应该怎样努力实现目标。所以，我们要明白自己确立目标的原因，并把感性认识上升为理性认识，使自己更加明确奋斗目标。

其次，你要结合实际给自己制定长期目标。比如，如果你是初中的学生可以给自己选择一个好的高中作为目标，如果你正处于高中阶段，就要规划一下自己以后的人生，根据自己的学习成绩和理想决定以后是上大学还是进行某些专业技能培训。

再次，长期目标制定后也要给自己制定中期目标，比如在新学期开始时制订一个学期计划，或者也可以制订月计划、周计划等，让自己的每一个阶段都有一个目标，这样既能看到自己的进步，从而产生信心，也能看到自己的差距，使自己不至于离期望值太远。

最后，意志力不强的人很容易在未分解的长期目标前迷失、放弃，所以还要制定短期目标，比如每天看一小时的书、坚持锻炼、每次考试进步一点点等，这些短期目标必须是切实可行的，这样，当一个一个短期目标实现后，离长期目标的距离就会越来越近。

第三，做事要有轻重缓急，你要学会制定第一目标。

谁也不可能同时做好所有的事情，所谓第一目标就是那些迫切需要完成的目标。避难就易是人之常情，尤其是那些意志力不坚定的人，更容易被那些艰难的任务吓倒。所以，我们要给自己制定第一目标，否则在做事时就会避开那些真正需要做却很麻烦的事情，选择最容易的事来做，遇到困难绕着走。这样你可能暂时会体会到成功的快感，但由于经常避重就轻，根本无法实现自己的目标。

你在制定目标的时候，可以先把所有的目标都列一个表，估算出每个目标实现的期限以及可能遇到的困难，分析出每项工作需要付出多少时间和精力，看看哪个短期目标完成后更有助于实现长期目标，从而让自己先做那些有助于实现长期目标的事情。

第四，在追求目标的过程中，我们不要被一些事情分散精力，忘记自己最初的目标。

有个老师给学生讲过这样一个故事：

有三只猎狗在追一只松鼠，松鼠走投无路钻进了一个树洞。这个树洞只有一个出口，于是三只猎狗在洞口堵着这只松鼠。过了一会儿，从树洞里钻出了一只白色的兔子，兔子看见猎狗，飞快地向前跑去，三只猎狗见势，马上把目标锁定了兔子，对兔子围追堵截。兔子被逼急了，"噌"的一下爬上了另一棵大树。兔子在树上，仓皇中没有站稳，一下子把树上的小鸟鸟窝震了下来，砸住了正仰头看的三只猎狗，兔子乘机逃跑了，可三只猎狗又对掉下来的鸟窝感兴趣了……

故事讲完后，老师问学生："这个故事有问题吗？"

学生纷纷回答："兔子爬树有问题。""兔子不可能把鸟窝震下来。"……

直到学生找不出问题了，老师才说："还有一个问题，你们都没有考虑到，那就是松鼠哪去了？"

学生都低下头，开始思考。

老师接着说："松鼠，猎狗最初追逐的目标，可是由于兔子、鸟窝的出现，猎狗便改变了目标，松鼠也渐渐淡出了我们的意识。在追求人生的目标中，我们有时会被表面的风光迷住，有时会被某些事物打断，有时会被一些琐碎的事情分散精力，从而使自己停顿下来，迷失方向，或者走上歧路，忘掉自己最初的目标。同学们，人生的路很长，在生活的过程中，我们会遇到很多诱惑，也会遇到很多阻碍，我们一定要经常提醒自己——松鼠哪去了，不要忘记你最初追求的人生目标。"

我们在成长的过程中会有很多追求、很多欲望，"千鸟在林，不如一鸟在手"，我们要努力把握住自己最初的目标，努力维护我们最初的追求。

第五，你要克服自己的惰性，为达到目标尽心尽力。

"尽心尽力"是指我们要为达到目标舍弃那些次要的东西。比如，如果你想要减肥就要舍弃那些美味佳肴，如果你要提高自己的成绩就要舍弃一部分休息和玩乐的时间，你要想获得友谊就必须放弃自己的私心，用真诚去感动别人，你要想踢好足球就必须锻炼自己的身体，严格要求自己……当然，舍弃需要顽强的意志。

我们都知道"飞人"刘翔在田径的短道项目上一次次创造奇迹，刘翔不仅创造了属于中国的雅典传奇，还取得了田径短道项目大满贯的辉煌战绩，为祖国赢得了荣誉。他在2004年雅典奥运会上，以12.91秒的成绩平了保持11年之久的世界纪录，还在2009年东亚运动会田径男子110米栏决赛中，以13秒66的成绩轻松夺得冠军，另外，他在2010年的第16届亚运会上，以13秒09打破110米栏亚运会纪录，夺得三连冠军。

但是我们不知道他在取得这份荣耀的背后付出了多

少努力，放弃了多少东西。刘翔用他超强的心理素质和过人的毅力，即使在脚伤的时候，也不断地训练，拒绝一切和训练无关的活动，放弃想多睡一会儿的愿望，放弃想吃但却对训练效果不好的食物，甚至放弃了与家人团聚的机会……他为了实现自己的目标放弃了很多，不断跨越艰难，依然在不停地取得成绩。

不管你的目标是什么，都要意识到目标不只是随便说说的，实现目标的过程是一个艰辛的过程，会遇到很多的困难和挫折，需要制订详细的计划并不断地努力。

第六，我们在关注结果的同时要注重做事的过程，因为生命的乐趣在于过程。

一位商人辛苦一辈子，有很多的家产。为了防止儿子只注重享乐的结果，不注重奋斗的过程，他想在自己临终前给儿子上最后一课。他看见窗外的广场上有一群孩子在捉蜻蜓，便对他四个未成年的儿子说："你们到外面给我捉几只蜻蜓来吧，我很多年没见过蜻蜓了。"

过了一会儿，大儿子带了一只蜻蜓回来。富商问："你怎么这么快就捉了一只？"

"我用你给我买的遥控赛车换的。"大儿子说。

又过了一会儿，二儿子也回来了，他带来两只蜻蜓。

富商问："你是用什么方式捉的这两只蜻蜓？"

"我把你给我买的遥控赛车租给了其中一个人。然后用赚来的钱向另一位有蜻蜓的人借来的。而且我还赚了呢！"二儿子说起来不免有些骄傲。

不久老三也回来了，他带来了10只蜻蜓。

富商问："你捉了这么多蜻蜓，怎么办到的?"

"我拿出你送给我的遥控赛车，问大家谁想玩。想玩的就要用一只蜻蜓来交换。如果不是为了赶快拿蜻蜓回来给您，我还能换到更多呢!"三儿子机灵地说。

最后回来的是四儿子，只见他满头大汗，衣服上沾满了灰尘，但两手空空，手上一只蜻蜓也没有。

富商问："孩子，你一只蜻蜓也没有捉到吗?"

"我跑过来跑过去，捉了半天，也没捉到一只，后来我就在广场上和大家一起玩赛车，玩得很高兴，差点忘了这事。要不是见哥哥们都回来了，也许我还能让赛车撞上蜻蜓呢?"

听完四儿子的话，富商露出了笑容，他拍了拍四儿子的脑袋，摸了摸四儿子挂满汗珠的脸蛋，把他搂在了怀里。

他告诉儿子们："孩子，我并不需要蜻蜓，我需要的是你们捉蜻蜓的过程，需要你们能从这个过程中找到生活的乐趣。"

结果虽然也很重要，但是我们也不能忽略过程。因为过程是一种实在的经历，而结果只是对过程的一种说明。不管结果是成功还是失败，我们都能从过程中得到有益的收获。所以，无论是现在的学习，还是将来的工作，在实现目标的过程中，我们一定要注重过程，让自己享受一步一步追寻、一步一步探究的快乐，让自己享受一点点进步、一点点成熟的人生，从而让自己的目标以及结果变得珍贵而有意义。

第七，你要多给自己提供向目标接近的实践机会。

很多孩子都有远大的目标，在谈到这个话题时往往滔滔不绝，"我想当科学家""我想当演员""我要当运动员，拿世界冠军"等，可是在谈到怎样做才能实现心中的目标时，往往就词穷了，只能用"好好学习""考上大学"这些套话来敷衍。其实实现目标是一个长期而艰辛的过程，只有找到一个好的平台去积累经验，才能使自己尽快实现目标。比如，如果你的目标是歌手，就要多参加一些学校或者社会组织的表演活动，多参加一些互动；如果你的目标是科学研究，就要多准备一些实验器材和工具，亲自动手去探索；如果你将来想从事某个职业，就可以多去这些行业参观，和该行业的工作人员进行交流，也可以多参加一些和这个行业有关的实习活动，从而让自己了解这个职业的实际情况。

有人说过这样一句话：如果你不知道航行旅程的终点，那么任何方向的风对你来说都是逆风。每个人都有权利拥有一个目标，只有这样他才能感受到人生的希望。

千里之行，始于足下。要想实现伟大的目标，我们就要努力为自己的目标制订计划，将其各个击破，并一步一个脚印地走下去，直到实现自己的目标。

4. 你可以失败，但不能屈服

故事导入：

现代社会的独生子女越来越多，在他们成长的过程中，父母想方设法为其排除一切干扰，使其不经受任何磨难，顺利成长，导致很多孩子在面对挫折的时候无法接受，从而萎靡不振，甚至做出一些极端的行为。

李茂是一名老教授的儿子，从小父亲就对他重点培养，为他铺垫了很好的基础。他从小学到高中不仅学业一直名列前茅，其他方面也很优秀，从来就没输过。然而上了重点大学之后，李茂在众多的尖子生中很难再独占鳌头，他输了，遗憾的是，他输不起。就因为在考试的时候挂了一科，学校要求补考，他便觉得自己没脸见人，然后竟然放弃补考，离校出走了。没办法，学校只有让他留级一年，跟着下一届同学重修。没想到他竟然承受不了压力，服毒自杀。

类似的事例还有很多，就连中国最高学府清华、北大也有很多学生心理素质很差，遇到一点挫折就选择自杀来逃避。如何应对挫折和逆境已经成为制约青少年成长的重要因素。

孩子心声：

我是一名高中生，月考、期中考、摸底考、高考……一天到晚面临着无数大大小小的考试，很让人心烦。我的成绩并不差，可以说从小到大一直很优秀，父母给我的压力也并不大，但我总是在惧怕些什么，有时候甚至会自己给自己施加压力。

我知道我是在惧怕失败，我怕自己失败后同学们嘲笑的眼光，怕自己失败后父母失望的眼神，怕自己失败后老师的放弃……没办法，从小争强好胜的性格以及一直很优秀的成绩似乎决定了我就是个不服输的人，可从升入高中后，我不再是那个门门功课优秀的好学生，虽然成绩并没有"一败涂地"，但我还是很介意。

有时候，我也会问自己："你到底在介意什么？"其实，我也说不清楚，大概是介意那种从"顶端"掉落到"底层"的感觉吧，有时候，我甚至会觉得周围的人都在嘲笑我，于是我觉得自己是一个失败者，任凭我怎么努力，也无法扭转这种局势，我知道那种"成功"的日子已经离我远去，一去不复返了，渐渐地，我也失去了面对失败和挫折的勇气，变得患得患失。

家长回应：

孩子，失败意味着新的开始，爸爸妈妈希望你能成为一个永不放弃、不怕失败的强者。当然，这并不是说你要故意让一件本来应该成功的事情失败，而是你在做某一件事情之前，不要首先担心会不会失败，这样会使自己受到限制，以致错过好机会。其实，很多害怕失败的人，担心的并不是失败本身，而是因为虚荣心在作怪，担心失败后别人瞧不起。可是，除了自己，没有人会过分在意你的成功和失败，也许你觉得自己在别人面前丢了面子，但是别人根本没往心里去。

所以，你不要把自己看得过重，要敢于接受任何一种后果，成功或者失败。只有忘掉那些虚荣和优越感，有不怕别人嘲笑的勇气，才有可能走向成功。比如，你成绩一直不错，但是有一次却不及格，仅仅因为这一次失败，你便觉得无颜面对老师和家长，觉得同学们都对自己指指点点。可这又能怎么样呢？别说别人不会因为你一次失败而瞧不起你，就算会也没有关系，这并不能代表你一切都完了。越是失败，你越要勇敢地去面对，只要你振作起来，挽回自己的成绩，那么那些小看你的人自当对你刮目相看。如果你放弃自己，在失败面前退缩、灰心的话，那么得到的只能是越来越多的嘲笑。

孩子，我们无须赞美逆境，无须企盼逆境，但必须正视逆境。一旦身处逆境，最重要的是要有信心，有恒心，有勇气，有毅力，有坚持不懈的精神，即使山穷水尽，也要相信会峰回路转、柳暗花明。爸爸妈妈希望你能成为一个永不放弃、不怕失败的强者。只要有重新开始的勇气，你就一定会成功！

给孩子的建议：

贝弗里奇说："人们最出色的工作，往往是处在逆境中做出的，思想上的压力，甚至肉体上的痛苦，都可能成为精神上的兴奋剂。"

"天将降大任于斯人也，必先苦其心志，劳其筋骨，饿其体肤，空乏其身，行拂乱其所为，所以动心忍性，增益其所不能。"苦难是一所学校，挫折是一笔财富，树木受过伤的部位，往往变得最硬。一个人只有经过磨难，才能更加独立更加顽强地生活，才能有坚强的意志和强大的生存能力。如果你能经历一次磨难的洗礼，那么以后不管遇到什么意外和困境，都能从容应对和承受。所以，如果你还在父母给自己设定的顺境中养尊处优，请走出"温室"，拿出勇气迎接困难的挑战；如果你身处逆境的考验，请不要气馁，要采取积极进取的人生态度，勇敢地克服困难。

第一，你要客观地认识失败和逆境和其在我们成长过程中起到的作用。

在每个人的成长过程中，既会有让人欣喜的成功，也势必会遇到很多的困难和挫折。失败、困难、逆境是由社会客观条件、个人自身条件决定的，很多并不以人的意志为转移，但是在一定条件下，失败和逆境对人才的成长有着重要的激励作用，古人云：福兮，祸之所伏；祸兮，福之所倚。正如培根所说，"奇迹多是在厄运中出现的。"逆境虽然艰难，但往往蕴藏着巨大的创造奇迹和成才成功的机遇，可以锻炼你的意志，增强你面对困难的勇气和力量。

古往今来，有许多名人都是经过在逆境中的不断努力成功的。斯蒂芬•霍金二十多岁就瘫痪，后来连话都说不成，但他创立了宇宙大爆炸理论；史铁生患严重肾病，但后来成为一个了不起的作家；司马迁身受宫刑，蒙受大辱，但他最终顶住磨难，发愤写完了辉煌巨著——《史记》；爱迪生花了整整十个年头，经过五万次的实验，发明了蓄电池……

这样的例子很多，正是他们那种不怕不弃、奋勇前进的精神，才使得自己饱经风雨蹂躏却不倒，用勇气、智慧和力量去战胜艰难困苦。

他们给我们做出了最好的表率和榜样。俗话说："穷人的孩子早当家"，这句话并非没有道理，环境对人的成长是有一定影响的。顺境给人提供了更好的客观条件，却也容易使人迷惑，贪图享受，浑浑噩噩，不知奋进，不懂得人间疾苦，而逆境中的人因为饱受磨难，大都具备很强的进取心和远大的志向，更能正视自我，挖掘自己的勇气和巨大潜力，更能取得成功，这正是顺境中的人一般所不具备的。

当然，并非任何人都能在逆境中成才，我们也不能以逆境成才现象来否定顺境对人才成长的积极作用。毕竟，逆境对人才成长的确有诸多客观的不利因素。所以，环境只是外因，真正制约人成才的因素是内因，顺境中的人如果能不图安逸，立下壮志，奋力拼搏，也会铸就自己的辉煌；相反，逆境中的人如果经不起失败的打击和磨难的历练，就会被打倒。

第二，你要学会自我激励，以乐观的心态超越逆境，战胜困难。

别人的激励和信任再多，也不能代替你内心深处对自己的认可和肯定。一个善于自我激励的人，总是能够拥有良好的心态，发挥自身最大的潜能，实现自我价值的最大化，而连自己都不能给自己激励的人，就算具备上天赐予的高于别人的天赋，也不能取得多大的成就。

失败对人是一种"负面刺激"，会使人产生不愉快、沮丧、自卑。但成功是由无数次失败构成的，既然逆境不可避免，并且已经存在，任凭你怎样后悔和消沉都不会改变，唉声叹气不是办法，幻想憧憬不是办法，这样反而会让事情变得更糟，只有信心十足地去干，才能走出困境。

乐观的心态来源于自己对生活的热爱和追求，是一种积极的情感体验，这种情绪不以任何困难为转移，更不会因为一次失败就消失。临渊羡鱼，不如退而结网。面对挫折和失败，要保持乐观积极的心态，调整自己的目标，善于挖掘、利用自身的"资源"，才是正确的选择。

有位美国教授，一次在课堂上把一张100美元的钞票高高举起，然后对学生说："你们当中有谁想得到这100美元？"学生一个个都举起了手。教授看了一眼坐在下面的学生，笑着说："我会把钱给你们其中的一位，但是在我决定给谁之前，请允许我先做一件事。"教授在说了这番话之后，把100美元揉成了一团，然后又问道："还有人要它吗？"学生仍然高举着自己的手。看到这种情况，教授又把钱放到地上，用力地踩踩，然后拾起这张又脏又破的

100美元钞票，对学生说："现在是否还有人想要？"这时台下依然还有手在高举着。

这时教授语重心长地说了一番话："无论我如何对待那张钞票，你们还是想要它，因为它没有贬值，它依然值100美元。在人生路上，我们会无数次地被自己的决定或逆境所击倒、欺凌甚至是被碾得粉身碎骨，我们会觉得自己似乎是一文不值。但无论发生什么，将要发生什么，我们永远不会失去价值。无论自己是聪慧或愚钝、漂亮或丑陋，我们依然是无价之宝。"

所以，每个人都应该学会乐观地面对困难，并找到解决困难的办法，只有这样才能迎来胜利的曙光。不管在什么境遇下，我们都要认清自己、了解自己，不要让自己在妄自菲薄与自我否定中变得越来越渺小，越来越失败。

第三，你要培养自己坚强的意志力，提高自己的抗挫力，使自己在困境中持之以恒、风雨无阻，直到取得最后的胜利。

良好的意志力不是与生俱来的，而是在后天的培养中逐渐形成的。在成长过程中，我们会遇到各种各样的困难，但是不可否认，现在有很多孩子严重缺乏意志力，不能很好地控制自己的情绪、行为，做事优柔寡断，遇到困难畏首畏尾、半途而废，如果这样的行为不加以改变，那么离成功就会越来越远。

提高意志力的过程就是不断调整行动，克服困难，最终取得成功的过程。只有困难与磨炼才能造就一个优秀的人才，在安逸的环境中永远不能真正地成长。我们不能把父母的呵护当作理所当然，一辈子躲在父母的羽翼之下，让别人替自己遮风挡雨，只有自己去经受生活中的风雨，才能避免以后"栽跟头"。所以，我们要培养自己勇于挑战困难的决心和斗志，培养自己敢于面对失败和接受教训的勇气，去经历磨难的洗礼，去锻炼一双有力的翅膀，成为生活的强者。当我们战胜了困难，就会勇气大增，激起战胜困难的信念，就会提高自己的抗挫能力。

德国的天才音乐家贝多芬一生坎坷。他出生在一个清贫的家庭，小时候经常受到父亲的毒打，而且上天又赐给他矮小的身材和粗陋的外貌，经常被人嘲笑。

艰苦的童年并没有终止贝多芬的厄运，正当他准备投身音乐时，却发现自己的听力急剧下降，对于一位音乐家来说，听力的衰退无异于世界末日，然后他又失去了自己爱恋已久的恋人。

可是所有的这些厄运都没有把他压垮，贝多芬和命运进行了顽强的抗争，把这些困难和不幸当作了自己创作音乐的灵感，著名的钢琴奏鸣曲《月光》就是献给他的恋人的，那句传诵千古的名言："我要扼住命运的咽喉，它绝不能使我屈服。"就是出自贝多芬之口。

尽管贝多芬一生坎坷，集贫穷、疾病、耳聋、失恋等各种挫折于一身，但在这种情况下，仍然凭借自己坚定的信念以及不畏艰难的精神，勇敢地面对命运的挑战，最终成就了他的伟大人生，取得了辉煌的成就……

第四，你要学会审时度势，对挫折和失败作客观的分析，以便找出原因，化险为夷或者为以后的人生积累经验。

挫折的产生既有外部原因，也有内部原因，我们要分析挫折是主观原因还是客观原因造成的，是不可抗拒的还是通过努力可以改变的，是对自己期望值太高还是没有做到最好导致的，是潜力没有发挥出来还是由于不认真导致陷入困境的。只有找出挫折和失败的原因，才能采取针对性措施，扭转逆境。

在找原因的时候需要注意两点，一是要实事求是，不要过分放大或者缩小挫折和痛苦。尼采曾说："我们都没有悲观的权利。"这句话告诉我们在遭遇挫折时，没有放大痛苦的权利，放大的痛苦，会阻碍我们向困难挑战的步伐，使我们被自己想象中的"老虎"吓倒，而不敢往前走，而事实上，那些挫折和困难只是"纸老虎"，只要你勇敢地去面对，就会把它打败。当然，我们也不能小看挫折和困难，不把它当一回事，就算再简单的事情，如果你无视甚至轻视它，也会招致失败。我们只有客观对待和分析困难，才能找到最合适的解决办法。

二是要多从自身找失败的原因，不要把责任推给环境或者其他因素。有些人在遭受挫折时为了逃避责任、减轻负担，总编造出一点理由，为自己开脱，比如学习失败后不怪自己没有尽全力，反而埋怨环境和老师。这种怨天尤人的态度是不可能使自己找到失败原因的，只有从自身出发，寻找自己的不足，才能找到摆脱困境、战胜挫折的方法。

第五，从哪里跌倒就从哪里站起来，面对逆境，要在等待和忍耐中积蓄力量，找到转逆为顺、突破重围的机会。

同样面临逆境，有的人跨了过去，功成名就；有的人却经受不住打击，陷了进去，被淘汰出局。究其原因，就在于他们缺少应对逆境、解决现实难题的能力。

身处逆境要沉得住气，受得起委屈，坐得住冷板凳。这时，如果没有机会，不要轻举妄动，如果在逆境中认错了形势，急于求进，就可能导致更大的失败隐患。我们要冷静观察，韬光养晦，在逆境中坦然自处，奋发有为。

在认清造成困难和挫折的原因后，我们要根据情况自我调整，选择应对策略，或修改目标、调整期望值，或重振旗鼓、坚持不懈直至成功。比如，可以根据实际情况明确自己的目标、制订计划，并为实现目标去付出、去奋斗，每天超越自己一点点，让自己的今天比昨天更优秀，等到自己具备了成功的资本，再奋力拼搏，争取取得更大的成功。

奥斯特洛夫斯基说过："人的生命，似洪水在奔流，不遇着岛屿、暗礁，难以激起美丽的浪花。"在我们成长的过程中，会遇到很多艰难险阻，让我们学会坚强，学会抗争，靠坚韧的奋斗走出逆境，只要在危机的时刻坚持一下，再坚持一下，挺过黎明前的黑暗，那么迎接我们的将是最美的曙光。

后记

对父母来说，人生最美好的一幅作品就是孩子。很多时候，孩子几乎是父母生活的全部，就是父母的希望之所在。曾经有人说，父母能给孩子的最好的礼物，就是"一个健康而美好的性格"。而一种良好的亲子沟通方式，就是孩子性格的加工厂。

父母无法阻挡孩子的成长步伐，可能今天孩子还在你的怀里嗷嗷待哺，不久之后他就会憋着劲儿跟你耍叛逆。每当到这个时候，父母都会希望时间不要走得那么快，能不能慢一点，再慢一点，慢慢地享受跟孩子相处的每一寸光阴。作为父母，应该有足够的耐心跟孩子共同经历他的成长过程，这应当是属于父母与孩子的双向成长。

简而言之，孩子的性格和命运，跟父母的教育方式是有很大关系的。从某个层面上来讲，父母就是孩子最好的交流伙伴。关注孩子的心理变化，以孩子愿意接受的方式来对孩子温婉诉说，培养孩子良好的性格和心理，是作为父母责无旁贷的事情。

要跟孩子进行很好的沟通，首先就是要有一颗善于"解读"的心，把孩子潜藏在内心的秘密看透，了解孩子在行为背后的真实原因，再针对孩子的心理，以孩子愿意接受的方式来对他们"说"。作为家长，光靠主观感觉来培养孩子是远远不够的。孩子在各个阶段，都有着不同的心理和行为模式。作为父母，想要掌握好的教育方法，就需要注意研究孩子的心理特点，对症下药。

这本书，其实就是父母和孩子的一次交流。书里写了很多亲子案例，可以说是父母最为真实的教育经验，也是作为孩子最宝贵的人生体验。其中的案例，有来自现实生活中笔者的为人父母的教育经验，也有来自热心网友的亲身经历，更有来自千千万万普遍家庭的亲子问题。大家都有着相似的问题，父母与孩子进行的沟通，却都是没有任何功利成分，也是最真诚和真实的。教育理念其实也是父母人生观的组成部分，父母对待生活，对待社会的态度，一定会体现在对待孩子的态度上。父母剖析自己，帮助孩子认识父母，其实就是帮助孩子认识他们自己。

笔者是幸运的，可以用这么长的时间，了解父母与孩子之间的关系，并且将父母想要对孩子说的话写出来。写完这本书，我的心里充满了感激。因为这本书可以给笔者带来跟读者一样的亲子教育收获。这段时间，我用文字，尽可能地记下这些关于父母与孩子一起成长和磨合的过程，写这本书的过程中，许多感慨汇聚在心里。

看完这本书，或许你会发现父母都是"可爱"的，孩子都是"善解人意"的。确实，孩子缺乏的不是责骂，而是良好的互动沟通。父母始终用平和的方式去与他们交流，用赞美的眼光去看待他们，他们就会成长为最好的样子。

在写这本书的过程中，经常有一种感受，就是世界变化太快，孩子也在不断地变化，每天都有源源不断的案例进入我的资料范围，每天都有新的内容可以加入文稿，仿佛可以一直无止境地写下去。孩子在成长的过程中，父母想要对他们说的话也是在不断的变化中，随着孩子的变化而改变谈话内容，与孩子一起成长，本身就是一件很美好的事情。即便书已经出版，但是父母与孩子的废话仍然在继续，沟通也会继续下去。

孩子是父母的未来，也是正在成长的，他们承载了整个社会，乃至整个民族的希望与未来，也是每一个家庭幸福的风向标。与孩子沟通，在过程中记录孩子的成长，解决孩子的问题，是一件特别有意义的事情。让自己的孩子成为幸福的人，体验灿烂的人生，是全天下父母的共同心愿，也是笔者在做这本书的时候为之钻研的目标。我愿意为此不懈努力，也希望作为父母的您，有意见和建议可以随时提出。

让我们共同为孩子心中那一米阳光而携手努力。只有这样，才能遇见幸福，让孩子成为幸福的"你"。

孩子，在你完完全全依附于父母的时候，不要过于着急，让爸爸妈妈为你撑起一片天，为你遮风挡雨，指引你前进的方向。我们会牵着你的手，让你走得更稳。尽管可能会有摔倒的时候，也不至于迷失方向，直到你真的有能

力，去走你自己的人生之路，迈出自己人生的步伐。爸妈

希望，你所踏出的每一步，都是认真、执着、坚定的。